LIBRAIRIE RATIONALISTE

Librairie Rationaliste

ESSAI DE BIBLIOGRAPHIE CONTEMPORAINE
sur le résumé de nos connaissances
DEPUIS L'ANTIQUITÉ JUSQU'A NOS JOURS

Indispensable aux Savants, aux Lettrés, aux Chercheurs, aux Gens du Monde, aux Bibliothèques populaires, municipales, à celles des Établissements publics d'instruction, aux Universités populaires, aux Œuvres post-scolaires, etc.

Le livre est, historiquement parlant, le monument de la pensée humaine; où croît le livre, croît la pensée. Aujourd'hui, un peuple doit lire ou périr. C'est une des conditions de la lutte, suprême facteur de l'évolution.

PARIS

LIBRAIRIE C. REINWALD

SCHLEICHER FRÈRES, ÉDITEURS

15, rue des Saints-Pères, 15

1906

NOTRE PROGRAMME

Le livre est, historiquement parlant, le monument de la pensée humaine : où croît le livre, croît la pensée.

Les grands reculs qui suivirent les civilisations anciennes proviennent moins peut-être des invasions que de la rareté des manuscrits. L'incendie d'une bibliothèque ramenait plusieurs nations dans l'ignorance. A partir de Gutenberg, le livre qu'on brûle éteint le bûcher, celui dont l'oppression disperse les feuillets au vent fait éclore la liberté. Telle est ensuite cette fécondité merveilleuse qu'il ne se trouverait plus assez de hordes sur la surface de la Terre pour en arrêter l'essor. Que la civilisation s'éteigne sur un point du continent, sur un autre point, vertigineuse, elle se rallumera. Le livre s'impose au barbare lui-même. Aujourd'hui, un peuple doit lire ou doit périr. C'est une des conditions de la lutte, suprême facteur de l'évolution.

Le livre nous dit lui-même qu'il n'a pas existé toujours. Il précise la date de son enfantement, qui correspond à la renaissance du progrès. Il nous dit qu'il y a eu un temps où sa substance résidait en de pénibles archives, que ces archives manuscrites étaient comme autant d'épaves échappées aux cataclysmes dont les nations s'étaient trouvées bouleversées, qu'en un mot, avant la période bibliographique où l'humanité sut imprimer, il y eut une période manuscrite où l'humanité sut exclusivement écrire, qu'avant cela même, la pierre remplaçait le papier, le burin : la plume, pour exprimer le langage; que bien avant l'histoire, l'Homme, au crâne massif, fit un apprentissage en exerçant sa main lourde à reproduire par la gravure les animaux qui vivaient autour de lui. Oui, avant les signes manuscrits des Phéniciens, les caractères cunéiformes des Assyriens, les hiéroglyphes des Égyptiens, avant la représentation conventionnelle ou symbolique, enfin, il y a eu le dessin des hommes préhistoriques qui a servi le symbole, et il y a de cela si longtemps, si longtemps, que ni les climats, ni les continents, ni les espèces ne sont plus semblables à ce qu'ils furent à cet éveil primitif. Plus avant encore, dit le livre, l'Homme ne savait même pas parler. La conquête de l'écriture a suivi celle de la parole, et ce sont bien les seules conquêtes durables qu'il ait faites.

C'est ainsi qu'à suivre pas à pas, dans leur évolution, les différents moyens d'expression du langage, on revivrait toute l'histoire. La période antémanuscrite comprendrait à très peu près ce que nous appelons le préhistorique ; la période manuscrite, des papyrus à Gutenberg, ou ce qui peut s'appeler l'antiquité en y comprenant le moyen âge, et enfin la période bibliographique, ère de l'imprimerie, qui est en même temps celle de la civilisation moderne. Le seul classement même dans un ordre méthodique des productions de cette dernière, dont les livres résument les connaissances anciennes, serait plus qu'un catalogue. Ce serait (et cela, quoique bien des œuvres méritantes du passé n'aient pas eu de réimpression récente) une évocation de l'histoire de nos connaissances, presque le plan d'une encyclopédie contemporaine.

Nous avons adopté une méthode de classement spéciale. Pour nous, toutes les connaissances s'enchaînent : les spéculations scientifiques mènent à la conception philosophique des choses en même temps qu'à la reconstitution historique du passé. On ignorerait tout du problème de la vie sans la découverte des cellules microscopiques, et sans la découverte des nébuleuses, nul ne pourrait s'expliquer même approximativement la formation des mondes. Si nous avons divisé ce catalogue en deux grandes parties : œuvres scientifiques et œuvres historiques de la pensée, c'est pour ne pas dérouter nos lecteurs, habitués pour la plupart à séparer dans leur esprit les recherches expérimentales des recherches d'érudition ; car dans les œuvres historiques, nous comprenons le bagage de philosophie, d'histoire et de littérature des générations qui souvent manquèrent de faits d'expérience suffisants pour rapporter leurs données à une méthode unique. Pourtant ces œuvres se rattachent intimement à la science, dont elles ne paraissent devoir être tout d'abord qu'un complément. Qu'est-ce, par exemple, que la psychologie d'autrefois ? Une psychologie intuitive ! La psychologie scientifique contemporaine commence, elle, à l'anatomie du cerveau. Celle-ci ne peut être comprise sans l'étude de la cellule-élément, et l'étude biologique de la cellule elle-même dérive de la chimie organique. Qu'est-ce que l'histoire? La suite de la préhistoire humaine, page récente elle-même de notre évolution animale, pour l'étude de laquelle l'embryologie et la paléontologie sont indispensables. Ses lois, les lois de l'association humaine ! Mais elles ne sont que la suite des lois de l'association animale, dérivée de l'association cellulaire et qui remonte dans son principe à l'association moléculaire chimique. Reste la littérature : la littérature se rattache plus ou moins directement à toutes les branches de l'activité intellectuelle et son histoire est celle de nos conceptions psychologiques.

A bien prendre, toutes les connaissances ne sont qu'une : elles sont la science humaine. Et, de celle-ci, nous avons sélectionné les meilleures pages. Dans l'édition actuelle, parmi les vestiges du passé, nous avons suivi pas à pas l'immense effort des siècles. Nous avons commencé la morale aux maximes du scribe Agni et la littérature aux hymnes de l'Égypte ancienne. Nous avons vu les télescopes sonder les astres et les microscopes interroger les cellules. Pendant que certains étudiaient les phénomènes, d'autres en formulaient les lois. Du savant qui découvre, à l'érudit qui recueille, au poète qui crée, la distance est infime.

Certains ont été tout cela en même temps, comme d'autres se sont spécialisés en des recherches dont s'est enrichi le progrès.

En fondant, à côté de notre maison d'édition, une librairie rationaliste, c'est cet ensemble de trésors épars que nous avons voulu réunir en une nomenclature unique aux œuvres de notre temps, aux œuvres les meilleures de notre temps, pour en faire un plan d'enseignement comparé à la fois philosophique et esthétique, que nous dédions à ceux qui aiment le vrai et qui aiment le beau dans un sens large, naturel et humain. Il est évident par ce qui précède que tous les ouvrages que nous annonçons ne sont pas également à la portée de tous, et c'est ce qui nous a engagé à faire une nouvelle division par catégories de prix dans chaque partie, évident aussi que tous ces ouvrages ne sont que les pierres d'un monument incomplet qui va chaque jour s'écroulant, car on réimprime de moins en moins les auteurs classiques et les auteurs profonds ; mais en notant, par ce qui nous reste d'eux, l'effort de ceux qui nous ont précédés et en cherchant à rendre justice à tous, c'est une œuvre de sélection que nous avons accomplie pour l'utilité de nos lecteurs et pour notre propre utilité.

Nous citerons, pour nous engager à entrer dans cette voie, ce passage de LA REVUE (numéro du 15 juillet 1905) : « Depuis deux mois, le comte Tolstoï a cessé de parcourir toute revue ou journal. Il s'est fait une règle de lecture et, chaque jour, il lit les meilleures pensées de Marc-Aurèle, d'Épictète, de Socrate, de Confucius, de Cicéron, de Montesquieu, de Rousseau, de Voltaire, de Lessing, de

Kant, de Lichtemberg, de Schopenhauer, d'Emerson, de Channing, de Parker, de Ruskin. Il est effrayé de l'oubli où nous vivons des trésors de notre littérature ; nous ne lisons que des journaux et cette calamité est plus redoutable que la guerre elle-même. » Il y a là, certes, quelque exagération. Notre temps vaut mieux peut-être qu'on ne le pense, mais, il y a aussi quelque vérité dans cette remarque et, sans vouloir nous attarder à l'examen de cette question, nous rédigerons ce catalogue de manière que tel qui le feuillettera ne puisse avoir d'hésitation qu'entre des œuvres soit d'un haut mérite, soit d'un haut intérêt.

Notre programme étant celui d'un rationalisme supérieur, nous avons pensé qu'il était de notre devoir de procéder dans un large esprit de tolérance et d'accorder place à certaines œuvres qui peuvent aujourd'hui paraître rétrogrades mais qui marquent, vu l'époque de leur conception, des échelons du progrès. Mentionner dans ce sens, par exemple, la *Critique de la raison pure* de Kant à côté des *Progrès de l'esprit humain* de Condorcet, c'est, de l'avis de tout esprit large, un enseignement comparé qui ne peut avoir que des résultats utiles. De même, à quelque nuance de l'opinion rationaliste qu'on appartienne, on ne peut nier que l'*Ecclésiaste* biblique, dont nous donnons ici la traduction Renan, ne soit une œuvre de haute pensée dans la littérature antique. Niera-t-on que l'*Anarchie* de Reclus ne soit inspirée, elle aussi, d'un grand sentiment ? Nous reprochera-t-on Lamennais quand on ne nous pardonnerait peut-être pas d'oublier Tolstoï ou encore Cuvier qui a fondé la paléontologie parce qu'il fut bibliste ; ou encore les matérialistes banniraient-ils Hugo de leur bibliothèque parce qu'il fut spiritualiste, pendant que les spiritualistes s'efforceraient d'ignorer Lucrèce parce qu'il fut athée ? Non, ici, *nous ne sommes plus seulement éditeurs appelés à jeter des idées nouvelles dans la mêlée contemporaine*, mais, nous adressant à toutes les nuances de la pensée rationaliste, nous ne nous croyons le droit d'excommunier que les ouvrages qui portent, sans excuse, le cachet d'une philosophie avilissante ou celui d'un mercantilisme ignare et corrupteur empêchant les bons livres de voir le jour.

Notre but en créant notre librairie rationaliste est, comme on peut le voir un but multiple.

Par ces temps de publications innombrables et dans notre vie à toute vapeur, il n'est plus possible de se tenir au courant de ce qui paraît. Le marché littéraire est inondé par des élucubrations ineptes. Le public est désorienté par les réclames des journaux ; il finit par ne plus rien y comprendre et ne lit plus, alors que des chefs-d'œuvre de notre littérature et de la littérature étrangère restent ignorés.

Enfin il est temps, vis-à-vis de notre renom devant l'étranger, de montrer que nos lettres n'ont point leur expression dans des romans plus ou moins immoraux, que l'étranger achète exclusivement parce que ceux-ci s'étalent à la devanture des librairies, au détriment de centaines d'écrivains remarquables dont les œuvres ne se vendent pas, parce qu'elles sont submergé[illegible] par le flot envahissant de cette littérature ordurière. Les anciens bons auteurs sont oubliés, les nouveaux bons auteurs n'arrivent pas à se frayer le chemin. Et c'est pourquoi il faut faire connaître ces bons ouvrages, pour que les étrangers ne viennent plus dire qu'il n'existe plus d'autre littérature, en France, que celle de l'immoralité médiocre.

SCHLEICHER frères.

ŒUVRES SCIENTIFIQUES DE LA PENSÉE

Dans cette partie des connaissances humaines, la première place revient aux

MATHÉMATIQUES

qui constituent pour ainsi dire la métaphysique rationnelle du savoir et qui sont la clef des autres connaissances. Nous ne ferons d'ailleurs qu'une sommaire esquisse.

ANTIQUITÉ ET MOYEN AGE

Les notions des anciens mathématiciens comme Diophante sont éparses dans les œuvres des citateurs. On connaît pourtant les œuvres d'Archimède. Après la période de pleine barbarie, au moyen âge, un grand progrès est réalisé chez nous avec la numération arabe qui fait usage du zéro et qui nous parvient durant les croisades. Les Arabes se servent de l'algèbre. Ce sont les études orientales qui nous ont valu récemment la publication d'un traité de l'arabe *Abu'l-Wafa*.

ARCHIMÈDE (antiquité), *Œuvres*, 1 vol. in-4, 25 fr. — GERBERT (moyen âge), *Œuvres Mathématiques* (récemment épuisé). — THÉON DE SMYRNE, *Connaissances Mathématiques*, 1 vol. in-8, 7 fr. 50.
ABU'L-WAFA (arabe), *Traité de Mathématiques*, 1 broch. in-8, 1 fr. 50.

MATHÉMATICIENS MODERNES

De l'école algorithmique du moyen âge dérivent les grands mathématiciens des dix-septième et dix-huitième siècles, dont certains ne furent jamais dépassés. Dès le dix-septième siècle, en effet, *Descartes*, en France, fonde la théorie des équations, la géométrie analytique, l'algèbre appliquée à la géométrie et la physique mathématique, préparant la voie à Newton, dont les calculs et les découvertes relatifs à la gravitation ouvrent une ère nouvelle à l'esprit. Presque en même temps que lui, *Leibnitz*, cherchant à appliquer les mathématiques à la philosophie, découvre le calcul infinitésimal. Dans ses essais sur les nombres, *Fermat* arrive à des résultats prodigieux. *Pascal* résout de nombreux problèmes. D'autres, comme Varignon, les Bernouilli, Ozanam, etc., et dans le plein dix-huitième siècle, *Euler*, *d'Alembert*, Clairaut, *Lagrange*, etc., élèvent ces sciences à un degré de perfection jusqu'alors ignoré.

EULER, *Analyse infinitésimale*, 2 vol. in-4, 20 fr. — FERMAT, *Œuvres*, 3 vol. in-4, pl., 72 fr. — C. HUYGENS, *Œuvres complètes*, 10 vol. in-4, fig. et pl., 350 fr. — KÉPLER, *ses Ouvrages* (récemment épuisé). — LAGRANGE, *Mécanique analytique*, 2 vol. in-4, 40 fr.

DE 3 A 6 FRANCS LE VOLUME

BACHET, sieur de Méziriac, *Problèmes plaisants par les nombres*, 1 vol. petit in-8 . . . . 6 fr.

DESCARTES, *la Géométrie*, 1 vol. petit in-4, 5 fr. ; Holl. . . . . . . 8 fr.

PASCAL, *Traités divers de physique et mathématiques*, 1 vol. in-16, 1 fr. 25.

XIXe SIÈCLE

DE LA RÉVOLUTION A LA SECONDE PARTIE DU SIÈCLE

La Révolution et le premier Empire sont l'époque où *Lagrange*, Arbogast, *Condorcet*, *Monge*, *Carnot*, *Laplace* publient leurs grands travaux sur la géométrie, le calcul des probabilités, les mathématiques appliquées à la géométrie et à l'astronomie, etc. Dès cette époque, les branches importantes des mathématiques sont créées, et les continuateurs ne feront ensuite que perfectionner les parties spéciales de ces sciences.

ABEL, *Œuvres complètes*, 2 vol. in-4, 30 fr. — J. BERTRAND, *Calcul des probabilités*, 1 vol. gr. in-8, 12 fr. — BOBILLIER, *Géométrie* (récemment épuisé). — CHASLES, *Porismes d'Euclide*, 1 vol. in-8, fig., 20 fr. ; *Origine et développement des méthodes en géométrie*, 1 vol. in-4, 30 fr. — CONDORCET, *Essai sur l'application de l'analyse aux probabilités des décisions*, 1 vol. in-4, 6 fr. 50. — DUHAMEL, *Calcul infinitésimal*, 2 vol. in-8, pl., 15 fr. — LAGRANGE, *Équations numériques*, 1 vol. in-4, 18 fr. — LAPLACE, *Théorie des probabilités*, 1 vol. in-4, 35 fr.; Holl., 43 fr.—MONGE, *Analyse appliquée à la géométrie* (épuisé récemment). — POINSOT, *Théorie des nombres*, 1 vol. in-4, 25 fr. — PONCELET, *Applications d'analyse*, 2 vol. in-8, fig., 20 fr. — RIEMANN, *Œuvres mathématiques*, 1 vol. in-8, fig., 14 fr. — ROBIN, *Œuvres mathématiques*, 1 vol. gr. in-8, 7 fr. — J.-A. SERRET, *Géométrie de direction*, 1 vol. in-8, fig., 10 fr. — STURM, *Mécanique*, 2 vol. in-8, fig., 14 fr.

DE 3 A 6 FRANCS LE VOLUME

BABINET, *Sciences d'observation et leurs applications pratiques*, 8 vol. in-12 . . . . 20 fr.

CARNOT, *Corrélations des figures de géométrie*, 1 vol. in-8, pl. . 3 fr.

CAUCHY, *Résolution des équations numériques et théorie de l'élimination*, 1 vol. in-4 . . . . 8 fr.

— *Mémoire sur les intégrales définies*, broch. in-4. . . . . 3 fr. 50

G. LAMÉ, *Leçons sur les fonctions inverses des transcendantes*, 1 vol. in-8, fig. . . . . 5 fr. »

OSSIAN-BONNET, *Mécanique élémentaire*, 1 vol. in-8. . . . . . . 4 fr. 50

POINSOT, *Percussion des corps*, 1 vol. in-4 . . . . 4 fr. »

J.-A. SERRET, *Des méthodes dans les sciences de raisonnement*, 5 vol. in-8 27 fr. 50

BIENAYMÉ, *Sur les fractions continues*, 1 vol. in-4, 2 fr.

Enfin de la

SECONDE PARTIE DU SIÈCLE JUSQU'A NOUS

ce sont :

APPELL, *Mécanique rationnelle*, 3 vol. in-8, 51 fr. — BOUQUET et BRIOT, *Géométrie analytique*, 1 vol. in-8, fig., 8 fr. 75. — BOUSSINESQ, *Cours d'analyse infinitésimale*, 2 vol. gr. in-8, fig., 40 fr. 50. — DARBOUX, *Théorie des surfaces*, 4 vol. in-8, 60 fr. — DE LA GOURNERIE, *Géométrie descriptive*, 3 part. in-4, atlas, 30 fr. — HALPHEN, *Fonctions elliptiques*, 3 vol. gr. in-8, 43 fr. 50. — C. JORDAN, *Cours d'analyse*, 3 vol. in-8, fig., 49 fr. — M. LÉVY, *la Statique graphique*, 4 vol. gr. in-8, av. 4 atlas, 69 fr. — E. PICARD, *Traité d'analyse*, 4 vol. gr. in-8, fig., 66 fr. — POINCARÉ, *Calcul des probabilités*, 1 vol. gr. in-8, 9 fr. — PUISEUX, *Leçons de cinématique*, 1 vol. in-8, 9 fr. — RESAL, *Mécanique céleste*, 1 vol. in-4, 25 fr. — RUSSELL, *Essai sur les fondements de la géométrie*, 1 vol. gr. in-8, 9 fr. — SCHOENFLIES, *la Géométrie du mouvement*, 1 vol. in-8, fig., 6 fr. 50. — SERRET, *Algèbre supérieure*, 2 vol. in-8, 25 fr.

DE 3 A 6 FRANCS LE VOLUME

BONNEL, *la Géométrie atomique rationnelle*, 1 vol. in-8, fig . . . . 5 fr. »

E. DUPORCQ, *Premiers principes de géométrie moderne*, 1 vol. in-8, fig. 3 fr. »

DE FREYCINET, *De l'expérience en géométrie*, 1 vol. in-8, fig. . . 4 fr. »

—*Essais sur la philosophie des sciences*, 1 vol. in-8. . . . . 6 fr. »

E. Galois, *Œuvres mathématiques*, 1 vol. gr. in-8. . . . . . 3 fr. »

Hermite, *Notes sur la théorie des fonctions elliptiques*, 1 vol. in-8 3 fr. 50

E. de Jonquières, *Mélanges de géométrie pure*, 1 vol. in-8, pl. 5 fr. »

C.-H. Laisant, *la Mathématique*, 1 vol. in-8 . . . . 5 fr. »

Mansion, *Mélanges mathématiques*, 1 vol. in-8 . . . . 5 fr. »

Marie, *Histoire des sciences mathématiques et physiques*, 12 vol. petit in-8. . . . . 72 fr. »

Maupin, *Opinions et curiosités touchant la mathématique*, 2 vol. in-8, fig. . 10 fr. »

G. Milhaud, *les Philosophes géomètres de la Grèce*, 1 vol. in-8. . 6 fr. »

Richard, *Sur la philosophie des mathématiques*, 1 vol. in-8 . . . 3 fr. 25

G. Sébert, *Calcul des trajectoires*, broch. in-8, pl. . . . . . 4 fr. »

J.-A. Serret, *Arithmétique*, 1 vol. in-8 4 fr. 50; rel. 5 fr. 25

— *Trigonométrie*, 1 vol. in-8, fig. 4 fr. »

P. Tannery, *la Géométrie grecque*, 1 vol. gr. in-8, fig. . . . 4 fr. 50

Barbarin, *la Géométrie non euclidienne*, 1 vol. in-8, 2 fr. — L. Delbos, *les Mathématiques aux Indes Orientales*, 1 vol. gr. in-8, fig., 1 fr. — Devéria, *Notation des centaines de mille et millions chez les anciens Égyptiens*, 1 vol. in-8, fig., 1 fr. 50. — Laguerre, *Géométrie de direction*, 1 vol. in-8, 2 fr. — De Saint-Venant, *Courbes dans l'espace*, 1 vol. in-4, 1 fr. — Sarrau, *Formules des vitesses*, broch. in-8, 2 fr.

Les mathématiques, dont certaines parties ne sont que des chapitres d'autres sciences, comme la mécanique céleste et le calcul des oscillations, permettent d'aborder la

PHYSICO-CHIMIE DE L'INORGANIQUE

PÉRIODE ANTÉRIEURE A LA RÉVOLUTION

Dans l'antiquité l'expérimentation fait défaut. On la considère comme indigne de la philosophie et les notions sur la matière sont éparses dans les œuvres des citateurs. Les ouvrages spéciaux qui ont été écrits après le moyen âge et avant la Révolution sont eux-mêmes, pour la plupart, si loin de nos connaissances actuelles que leur étude, s'ils étaient toutefois réimprimés, serait longue et fastidieuse. En France, les premières notions de chimie véritable nous viennent des Arabes, comme les mathématiques. Qui, en remontant aux sources, voudrait se rendre compte de l'esprit de ces sciences dans les temps anciens, pourrait consulter curieusement :

Berthelot et Ruelle, *Collection des alchimistes grecs*, 1 vol. in-4, 80 fr.

DE 3 A 6 FRANCS LE VOLUME

Alchimistes du moyen age, *Traités de Paracelse, Albert le Grand, Roger Bacon, Raymond Lulle, Arnaud de Villeneuve*, 1 vol. in-8. . . 5 fr.

Saint Thomas d'Aquin, *Traité de la pierre philosophale et Art de l'Alchimie*, 1 vol. in-16. . . . . . 4 fr.

Aux dix-septième et dix-huitième siècles, s'élaborent les découvertes fondamentales de la physico-chimie et s'ébauchent les spécialisations de cette science. Galilée ouvre la voie aux études sur la pesanteur, l'acoustique, etc. Otto de Guériche invente la machine pneumatique, *Descartes* découvre les lois de la réfraction. Le médecin Gilbert et son compatriote Halley émettent les premières théories modernes sur le magnétisme et l'électricité. Enfin, dès 1577, avec Van Helmont, la chimie véritable se laisse entrevoir sous le voile de l'alchimie. Au dix-huitième siècle, commencent les grandes dissertations sur le problème de la lumière, par émission, d'après Newton, par ondulations, suivant *Huygens* (cette dernière doctrine empruntée des philosophes antiques). Black, en découvrant la chaleur latente, inaugure l'étude des énergies calorifiques. Montgolfier invente les aérostats. James Watt construit la première machine à vapeur. Lesage, en 1774, ébauche un timide essai de transmission télégraphique par l'électricité. Enfin la chimie cherche à prendre conscience d'elle. Pour la première fois Geoffroy formule une loi d'affinité, et Priestley, découvrant l'oxygène, est le précurseur de *Lavoisier*, le véritable fondateur de la chimie moderne.

C. Huygens, *Œuvres complètes*, 10 vol. in-4, fig. et pl., 350 fr. — Lavoisier, *Œuvres*, 6 vol., t. II épuisé, les 5 autres, 50 fr.

B. Pascal, *Traités divers de physique et de mathématiques*, 1 vol. in-16, 1 fr. 25.

DE LA RÉVOLUTION A LA SECONDE PARTIE DU XIXe SIÈCLE

Le dix-neuvième siècle est, lui, par excellence, le siècle de la physico-chimie. Il est cependant assez difficile de suivre la genèse historique de ces sciences dans les œuvres des purs savants. Expérimentateurs, beaucoup n'écrivent pas et leurs traités techniques vieillissent vite. Les grands progrès du dix-neuvième siècle consistent plus particulièrement dans les découvertes relatives à l'énergie des forces lumineuses, calorifiques, magnétiques, électriques, au point de vue de la physique, au point de vue de la chimie, dans celles relatives aux proportions harmoniques des éléments combinés. A la fin du dix-huitième siècle, ce sont les idées de Newton sur l'émission d'un fluide lumineux qui prédominent dans la science, quand en 1800 Wollaston reprend l'hypothèse de *Huygens* sur l'ondulation. Déjà, en ce qui concerne la chaleur, Rumford avait substitué la notion d'une chaleur mouvement à celle d'une chaleur matière. Quatorze ans plus tard, les célèbres travaux de *Fresnel* mettaient hors de doute l'importance d'une mécanique ondulatoire dans les phénomènes lumineux. Galvani avait découvert le dynamisme électrique, Volta, inventé la pile que Bunsen devait perfectionner en 1843, quand en 1820, Œrstedt établissait la relation du magnétisme et de l'électricité, *Arago*, le principe de la télégraphie moderne et quand *Ampère* formulait les lois qui portent son nom. Au début de ce siècle, aussi, Berthollet avait précisé celles de l'affinité, *Berzélius*, créé sa méthode de notation et, après Wenzel, Richter, Proust, qui démontrèrent les proportions définies des combinaisons, Dalton avait émis l'hypothèse d'atomes chimiques, à laquelle *Ampère* tentait de substituer la notion de molécules complexes (notion déduite du rapport simple des densités et des équivalents des gaz simples établi par Gay-Lussac). En 1827, enfin, dans le même temps où Collardon mesurait la vitesse du son, Ballard, par la découverte du brome, révélait à la chimie l'existence de familles de corps simples, qui aboutit de nos jours à la conception d'une espèce chimique analogue à l'espèce organique.

SECONDE PARTIE DU SIÈCLE JUSQU'A NOUS

Dès la seconde moitié du dix-neuvième siècle, s'élaborent des branches nouvelles de la physico-chimie ayant pour base la puissance dynamique de la chaleur (thermo-dynamique, thermo-chimie). Fizeau mesure la vitesse de la lumière et Hertz démontre que l'électricité se propage avec cette même vitesse. Les remarquables travaux de *Maxwell* sur ces phénomènes tendent à substituer aux hypothèses de *Fresnel* celles d'alternances infiniment rapides analogues aux alternances électriques. Le spectre solaire, que depuis longtemps déjà on savait s'étendre plus loin que la visibilité, est l'objet de nouvelles études, qui aboutissent, en 1886, aux premières expériences d'application de la photographie du visible découverte

par Daguerre à celle de l'invisible par Chardonnet, à l'aide des rayons ultra-violets. C'est alors que *Crookes*, observant l'électricité dans le vide pneumatique, reconnaît les rayons cathodiques, germe de la trouvaille fantastique de Rœntgen. Un peu plus tard, la photographie des couleurs sera, elle aussi, obtenue. En 1860, le téléphone est créé par Philippe Reiss ; en 1877, le phonographe, par Cros et Edison. En 1890, *Branly* découvre le principe de la télégraphie sans fil, réalisée par Marconi. A partir de Faraday (1845) qui arrive à liquéfier l'acide carbonique, la plupart des gaz et l'air lui-même sont solidifiés. *Siemens* construit une locomotive mue par l'électricité, *Deprez* réalise des merveilles sur le transport des forces, *Moissan* obtient des températures de 3.000° à l'aide de son four électrique. La locomotion s'enrichit de la bicyclette, des automobiles, des sous-marins, des ballons dirigeables, des aéroplanes, etc. En 1898, la trouvaille merveilleuse au moyen de l'analyse spectrale, par Curie, du radium, matière qui concentre en elle des merveilles phénoménales au point de vue de l'énergie, laisse entrevoir dans l'univers des possibilités de transsubstantiation. Dans ce champ fantastique qui touche presque à l'alchimie, on arrive à faire du rubis et du diamant. *Sainte-Claire Deville* invente des procédés faciles pour l'extraction de l'aluminium, métal alors très cher et cependant qui est partout. Enfin, au début du vingtième siècle, la physico-chimie aboutit à des prodiges et, au point de vue philosophique, tend à éclairer le problème de la nature avec les écrits de *Berthelot*, *Dumas*, *Grimaux*, *Würtz*, *Clémence Royer*, etc.

DE 3 A 6 FRANCS LE VOLUME

BRANLY, *Electricité*, 1 vol. in-8. 5 fr. »

BRETON, *le Carbure de calcium et l'acétylène*, 1 vol. in-4, fig. . . 3 fr. »

BUELS, *Téléphonie et télégraphie*, 1 vol. in-8, fig. . . . . 5 fr. »

CHALON, *les Matières explosives*, 1 vol. gr. in-8, fig. . . . . . . 8 fr. »

DEBRAY, *Chimie*, 1 vol. in-18, fig. 5 fr. »

DITTE, *Chimie*, 1 vol. in-18, fig. 5 fr. »

FAUVELLE, *la Physico-chimie*, 1 vol. in-12, 5 fr. ; rel. . . . 5 fr. 75

GRIMAUX, *Théories et notations chimiques*, 1 vol. in-18 . . . . 5 fr. »

— *Chimie inorganique élémentaire*, 1 vol. in-12, fig. . . . . 5 fr. 50

GUILLAUME, *les Radiations nouvelles*, 1 vol. in-8, fig. et pl. . . 3 fr. »

HOEFER, *Histoire de la physique et de la chimie*, 1 vol. in-16, fig. 4 fr. »

LODGE, *les Théories modernes de l'électricité*. 1 vol. in-8, fig . . 5 fr. »

MAIMENÉ, *Chimie photographique*, 1 vol. in-18. . . . . 5 fr. »

REGNAULT, *Cours de chimie*, 4 vol. in-18, fig. et pl. . . . . . 20 fr. »

SAINTE-CLAIRE DEVILLE, *l'Aluminium*, 1 vol. in-8, pl . . . . . . 3 fr. 50

THURSTON, *Histoire de la machine à vapeur*, 2 vol. in-8, fig. et pl. 12 fr. »

WÜRTZ, *la Théorie atomique*, 1 vol. in-8 . . . . 6 fr. »

AUBERT, *la Photographie de l'invisible*, 1 vol. in-16, fig. et pl., 1 fr. 50 ; rel., 2 fr. — P. BESSON, *le Radium et la Radioactivité*, 1 vol. in-16, fig., 2 fr. 75. — R. BLONDOT, *les Rayons N*, 1 vol. in-16, fig., 2 fr. — BRÉGUET, *la Machine de Gramme*, 1 vol. in-18, fig. et pl., 2 fr. — J. CAURO, *la Liquéfaction des gaz*, 1 vol. gr. in-8, fig., 2 fr. 75. — W. CROOKES, *Viscosité des gaz très raréfiés*, 1 vol. in-8, fig., 2 fr. — DÉCOMBE, *la Célérité des ébranlements dans l'éther*, 1 vol. in-8, 2 fr. — FOVEAU DE COURMELLES, *l'Électricité et ses applications*, 1 vol. in-16, fig. et pl., 1 fr. 50 ; rel., 2 fr. — A. LONDE, *la Radiographie*, 1 vol. gr. in-8, fig., 7 fr. 50. — J. LEFÈVRE, *la Spectroscopie*, 1 vol. petit in-8, fig., 2 fr. 50 ; cart., 3 fr. — LENOBLE, *la Théorie atomique et la Théorie dualistique*, 1 vol. in-18, 2 fr. — A. PERRET, *la Chimie dans l'industrie, la vie et la nature*, 1 vol. in-18, fig., 2 fr. 50. — R. PICTET, *Nouvelles Machines frigorifiques*, 1 vol. in-8, 1 fr. 50. — POINCARÉ, *la Théorie de Maxwell et les oscillations hertziennes*, 1 vol. in-8, fig., 2 fr. — RUCKERT, *la Photographie des couleurs*, 1 vol. in-16, fig. et pl., 1 fr. 50; rel., 2 fr. — E. SARRAU, *Théorie des explosifs*, 1 vol. gr. in-8, 2 fr. 50. — SIEMENS, *le Gaz et l'Électricité*, 1 vol. in-18, 1 fr. 50. — SOLVAY, *Du rôle de l'électricité*, broch. in-8, 2 fr. — G. TISSANDIER, *les Ballons dirigeables*, 1 vol. in-8, fig. et pl., 2 fr. 50. — TYNDALL, *Chaleur et froid*, 1 vol. in-18, fig., 2 fr.; *la Radiation*, 1 vol. in-18, 2 fr.; *la Lumière*, 1 vol. in-18, fig., 2 fr.; *Leçons sur l'Électricité*, 1 vol. in-18, fig., 2 fr. 75.

Comme la mécanique technique conduit à l'étude des mouvements des mondes, la physico-chimie conduit à l'étude de la matière des mondes. L'ensemble de ces points de vue constitue l'astronomie. La géologie peut être considérée comme la suite de cette science. C'est une page en effet du chapitre de la constitution et de la transformation d'une planète spéciale qui est la nôtre :

ASTRONOMIE, GÉOLOGIE

ANTIQUITÉ ET MOYEN AGE

Les notions des anciens sur ces sciences sont éparses dans leurs œuvres. Certains sont allés très loin dans la conception des choses astronomiques. Aristarque a devancé Copernic ; *Platon*, Pythagore. Héraclide, Anaximène ont eu l'intuition de faits confirmés par la science moderne. Le moyen âge, par contre, avait adopté le système de *Ptolémée* et croyait à l'inverse que le Soleil tournait autour de la Terre. On trouve des fragments dans

ALCUIN, *Traité sur la Lune* (épuisé récemment). — ARATUS, *Fragments poétiques sur la Nature* (en grec et en latin), 1 vol. gr. in-8, 15 fr. — GERBERT, *Œuvres* (épuisé récemment). — SIN CHIN KHAO YOUEN, (Uranographie chinoise), 2 vol. gr. in-8, atl. in-fol., 45 fr.

ASTRONOMES MODERNES

Mais déjà à la fin du quinzième siècle, Nicolas de Cusa avait repris l'hypothèse des anciens matérialistes. L'astronomie entre dans une ère nouvelle quand, à cet exemple, Copernic ayant adopté la conception héliocentrique, *Képler*, à son tour, définit les lois essentielles des mouvements des astres. *Képler* est le grand formuliste de son époque, comme Galilée en est le grand découvreur. C'est en effet Galilée qui, à l'aide d'une mauvaise lunette, entrevoit confusément les montagnes lunaires, les anneaux de Saturne et distingue les étoiles des planètes. C'est après eux que Newton inaugure une nouvelle époque scientifique en définissant ses lois immortelles de la gravitation. Cassini remarque la rotation des planètes. *Huygens* découvre l'anneau de Saturne et l'un de ses satellites. Ses idées sur l'habitabilité des mondes inspirent à *Fontenelle* son livre célèbre. Halley reconnait la périodicité d'une comète. Bouillaud observe pour la première fois une étoile variable, et Marius, une nébuleuse. Encke mesure la distance du Soleil, *Lalande* entrevoit sa translation, *Herschell* en observe les taches, découvre Uranus et ses satellites, étudie la Voie lactée qui est notre ciel, les nébuleuses qu'il distingue en résolubles et non résolubles et qu'il croit être d'autres cieux. Déjà Mayer avait rencontré des étoiles doubles, Piazzi, la première petite planète, et de multiples observations, se déduisaient déjà les grandes lignes de la philosophie du firmament quand, après *Herschell*, apparut *Laplace* qui, dans sa *Mécanique céleste* et sa magnifique *Exposition du système des mondes*, enchaînant toutes ces données, pour la première fois, expliqua mathématiquement l'univers.

HERSCHELL, *Astronomie* (récemment épuisé). — HUYGENS, *Correspondance scientifique*, 10 vol. in-4, fig. et pl., 350 fr. — KÉPLER, *ses Ouvrages* (récemment épuisé). — LALANDE, *Bibliographie astronomique*, 1 vol. in-4, 20 fr. — LAPLACE, *Mécanique céleste*, 5 vol. in-4, 100 fr.; Holl. 130 fr.; *Exposition du système du monde*, 1 vol. in-4, 20 fr ; Holl., 25 fr.

DE 3 A 6 FRANCS LE VOLUME

LAPLACE, *Histoire de l'astronomie*, 1 vol. in-8, 3 fr.

FONTENELLE, *Entretiens sur la pluralité des mondes*, 1 vol. in-32, 0 fr. 25; rel., 0 fr. 45.

DE LA RÉVOLUTION JUSQU'A LA SECONDE PARTIE DU XIXe SIÈCLE

Depuis, l'astronomie ne cesse de graviter de Newton à *Laplace* et de *Laplace* à Newton. C'est par des calculs déduits de leurs théories et, par lui, perfectionnés que *Le Verrier*, en 1846, révéla, sans l'aide du télescope, l'existence de la planète Neptune qui fut découverte peu après. Aux abords de la Révolution, *Bailly*, ensuite *Delambre*, le même qui avec la collaboration de Méchain mesura l'arc de méridien dont la division donna l'étalon métrique, cherchèrent à reconstituer l'histoire de l'astronomie. En 1841, *Bravais* évaluait la vitesse de translation du Soleil ; un peu plus tard, Encke tentait d'en déterminer la masse, Argelander et Struve, la direction de parcours dans l'univers. C'est aussi l'époque des travaux remarquables d'*Arago* sur la périodicité des comètes. Enfin, le perfectionnement constant des instruments d'optique ouvrant dans le champ des cieux des horizons de plus en plus vastes, les découvertes de nébuleuses, d'étoiles, de satellites, de petites planètes, de comètes nouvelles se multipliaient.

ARAGO, *Astronomie populaire*, 4 vol. in-8, fig. et pl., dernier épuisé ; les 3 premiers, 22 fr. 50. — BAILLY, *Histoire de l'astronomie* (récemment épuisé). — BIOT, *Études sur l'astronomie indienne et chinoise*, 1 vol. in-8, 7 fr. 50; *Mélanges scientifiques et littéraires*, 3 vol. in-8, 22 fr. 50. — BRAVAIS, *Astronomie* (récemment épuisé). — DELAMBRE, *Astronomie ancienne*, 2 vol. in-4, pl., 25 fr.; *Astronomie du moyen âge* (récemment épuisé); *Astronomie moderne*, 2 vol. in-4, pl., 30 fr.; *Astronomie au dix-huitième siècle*, 1 vol. in-4, pl., 20 fr.; *Tables écliptiques des satellites de Jupiter*, 1 vol. in-4, 10 fr. — LAGRANGE, *Étude sur le système des forces du monde physique*, 1 vol. in-4, 20 fr.

DE 3 A 6 FRANCS LE VOLUME

LE VERRIER, *Discussion académique sur l'attraction universelle*, 1 vol. in-4, 3 fr. 50

C'est aussi dans cette première partie du siècle qu'avec *Élie de Beaumont*, la géologie commence à devenir une science statigraphique et qu'un classement des terrains par rang d'antiquité se définit nettement avec Cordier, Huot, *Beudant*, *Brongniart*, *d'Orbigny*, etc...

ÉLIE DE BEAUMONT, *Système des montagnes* (récemment épuisé); Carte géologique de la France (en cours de publication).

DE 3 A 6 FRANCS LE VOLUME

BEUDANT, *Géologie*, 1 vol. in-18, fig. 6 fr. »

BRONGNIART, *Terrains supérieurs du Vincentin*, 1 vol. in-4, pl. . 3 fr. »

SECONDE PARTIE DU SIÈCLE JUSQU'A NOUS

Depuis, l'astronomie n'a cessé de progresser. *Foucault* et Fizeau ont précisé la distance de la Terre au Soleil. A l'occasion de l'éclipse de 1868, Janssen et *Tisserand* ont cherché, par l'observation, à élucider le problème de la constitution de l'astre central que *Faye* a classé parmi les étoiles variables du firmament. Dans sa *Mécanique céleste*, *Tisserand* a, suivant l'expression de *Pasteur*, tenté de renouveler *Laplace* en enrichissant les théories de ce dernier du fait des découvertes nouvelles. Dès 1896, grâce à une entente internationale, on a commencé la carte photographique du ciel. Savary et Villarceau ont étudié les étoiles doubles et tenté de déterminer les orbites de ces étranges soleils. Mais, le progrès le plus merveilleux de l'astronomie, c'est l'emploi de l'analyse spectrale pour l'étude des astres. Grâce à elle, on a pu reconstituer en partie la composition chimique des soleils (Soleil, Aldébaran, Vega, Sirius, etc.) et reconnaître l'unité de substance pondérable dans l'Univers. A cette reconstitution a fortement contribué l'étude des météorites. *Daubrée* et *Stanislas Meunier* ont porté leurs investigations sur les pierres tombées du ciel et reconnu en elles des matériaux vulcaniens, sédimentaires, certains même d'origine peut-être organique, comme s'ils provenaient de quelque astre brisé. *Coulvier-Gravier* a écrit sur les étoiles filantes. Ces recherches diverses, jointes à l'observation d'étoiles temporaires qui s'allument tout à

2

coup dans le ciel, laissent le champ ouvert à toutes les hypothèses sur l'origine et la fin des mondes.

FAYE, *Astronomie solaire*, 1 vol. in-8, fig., 14 fr. ; *Astronomie nautique*, 1 vol. in-8, fig., 10 fr. — CAMILLE FLAMMARION, *Astronomie populaire*, 1 vol. in-8, ill., 12 fr. ; rel., 15 fr. ; *les Étoiles et les curiosités du ciel*, 1 vol. in-8. ill., 12 fr. ; rel., 15 fr. ; *les Terres du ciel*, 1 vol. in-8, ill., 12 fr. ; rel., 15 fr. ; *la Planète Mars*, 1 vol. gr. in-8, ill., 12 fr. ; rel., 15 fr. — FOUCAULT, *Travaux scientifiques*, 1 vol. in-4, av. atlas, 30 fr. — A. GUILLEMIN, *le Ciel*, 1 vol. in-8, fig. et pl., 30 fr. — POINCARÉ, *les Méthodes nouvelles de la mécanique céleste*, 3 vol. gr. in-8, 39 fr. — RESAL. *Mécanique céleste*, 1 vol. in-4, 25 fr. — TISSERAND, *Mécanique céleste*, 4 vol. in-4, pl., 103 fr. ; *Leçons sur la détermination des orbites*, 1 vol. in-4, fig., 6 fr. 50.

DE 3 A 6 FRANCS LE VOLUME

COULVIER-GRAVIER, *les Etoiles filantes*, 1 vol. in-12. . . . . . . 3 fr.

— *Recherches sur les météores*, 1 vol. in-12 . . . . 3 fr.

DAUBRÉE, *les Régions invisibles du globe et des espaces*, 1 vol. in-8, fig., 6 fr.

DESLANDRES, *Observations de l'éclipse de soleil du 16 avril 1893*, 1 vol. in-4, fig. . . . . 3 fr.

HOEFER, *Histoire de l'Astronomie*, 1 vol. in-16 . . . . 4 fr.

P. SECCHI, *les Etoiles*, 2 vol. in-8, fig. et pl . . . . 12 fr.

CAMILLE FLAMMARION. — *La Planète Vénus*, 1 vol. gr. in-8, ill., 1 fr. — T. MARTIN, *Hypothèses astronomiques des anciens*, 11 broch. in-4, 35 fr. 50. — STANISLAS MEUNIER, *les Météorites*, 1 vol. petit in-8, 2 fr. 50. ; cart., 3 fr. — RAYET, *la Photographie astronomique*, 1 vol. in-8, 2 fr.

En ce qui concerne le corps même de notre planète, les transformations qu'il avait pu subir avaient été expliquées par *Cuvier* à l'aide de l'hypothèse de cataclysmes soudains. C'est en 1830 que *Lyell*, dans ses *Principes de Géologie*, démontra d'une façon péremptoire que notre globe se transformait constamment et que les révolutions qui s'y produisaient n'étaient jamais que partielles en l'évolution continue. Dès lors, peu à peu, la géologie s'inspira de cette conception et après qu'*Élie de Beaumont* eut achevé d'ébaucher la statigraphie, un à un, ses disciples et ses successeurs firent rapidement progresser cette science. *Hébert*, *Fouqué*, *Stanislas Meunier*, *Vélain*, *Lapparent*, *le vicomte de Martel* (ce dernier dans ses révélations sur les abîmes) ont éclairé la bible des terrains, et pour qui peut lire entre les lignes, la véritable histoire de la terre est gravée dans leurs écrits.

E. DE BEAUMONT, *Progrès de la statigraphie* (récemment épuisé). — DARWIN, *les Récifs de Corail*, 1 vol. in-8, pl., 8 fr. — DESCLOIZEAUX, *Cristallisations du quartz et sa structure*, 1 vol. in-8, fig., 8 fr. —

Guède, *la Géologie*, 1 vol. in-12, fig., 8 fr. ; rel., 9 fr. — A. Lacroix, *Minéralogie de la France*, 3 vol. gr. in-8, fig., 75 fr. — Lapparent, *Traité de Géologie*, 3 vol. gr. in-8, fig., 25 fr. — C. Lyell, *Principes de Géologie*, 2 vol. in-8, 20 fr. ; *Abrégé de Géologie*, 1 vol. gr. in-18, fig., 10 fr. — Mallard, *Cristallographie*, 2 vol. in-8, fig. et atlas, 45 fr. — E.-A. Martel, *les Abîmes*, 1 vol. gr. in-8, fig., 20 fr. — Wallerant, *Traité de minéralogie*, 1 vol. gr. in-8, fig., 12 fr. 50.

DE 3 A 6 FRANCS LE VOLUME

Darwin, *Observations géologiques sur les îles volcaniques*, 1 vol. in-8, fig. et pl. . . . . 6 fr.

Fouqué, *les Tremblements de terre*, 1 vol. in-16, fig. . . . 3 fr. 50

Fuchs, *les Volcans et les Tremblements de terre*, 1 vol. in-16, fig. . . . 6 fr.

Lapparent, *Abrégé de géologie*, 1 vol. in-18, ill . . . . 4 fr.

Vélain, *Géologie statigraphique*, 1 vol. in-18, fig. . . . . 5 fr.

Cuvier, *les Révolutions du globe* (documentaire). — Hébert, *Notions de Géologie*, 1 vol. in-18, 2 fr. — St. Meunier, *les Pierres et les Terrains*, 1 vol. in-18, fig., 2 fr.

C'est de l'étude des sciences précédentes que dérive toute conception vraiment rationnelle du monde :

CONCEPTION SCIENTIFIQUE DU MONDE

ANTIQUITÉ ET MOYEN AGE

L'ébauche de nos conceptions philosophiques se retrouve chez les anciens sous les deux formes, spiritualiste et matérialiste. La plupart de leurs notions sont cependant, au point de vue bibliographique, très éparses. La conception moderne des atomes dérive de celles de l'Indien Kanada, du Phénicien Ochus, des Grecs Leucippe, Démocrite, Épicure, *Lucrèce*, etc. L'éther, qui joue un si grand rôle dans la physico-chimie contemporaine, fut entrevu par Empédocle, Anaxagore, etc. On peut se rendre compte des deux formes spiritualiste et matérialiste de l'antiquité par les écrits de *Platon* et par le poétique résumé de l'épicurien Lucrèce.

Platon, *Œuvres*, 1 vol. in-8, 7 fr. 50. — Lucrèce, *De la Nature*, 1 vol. in-16, 3 fr. 50.

La partie scolastique des œuvres moyenâgeuses est toute d'imagination. Les rares auteurs du moyen âge qui ont eu quelque intuition rationnelle ou bien ne sont pas édités ou bien, comme ceux de l'antiquité, ont cette partie de leur œuvre éparse dans les ouvrages de commentaires. On peut toutefois, si l'on veut se rendre compte, par curiosité, de l'état d'esprit scientifico-théologique de cette époque, jeter un coup d'œil sur :

SAINT THOMAS D'AQUIN. — *Somme théologique* (documentaire).

MODERNES

Déjà cependant au moyen âge, *Maimonide*, chez les Arabes, en Europe, *Roger Bacon*, avaient protesté hautement contre l'abus des interventions surnaturelles dans l'explication des phénomènes visibles. A la Renaissance, Telesio avait entrevu comme les syncrétistes antiques et même comme les modernes *C. Vogt*, *Haeckel*, *Clémence Royer*, un monde vivant et sensible en sa substance. Avant le *Condillac* du dix-huitième siècle, Campanella avait rapporté l'origine de nos idées à la sensation ; Nicolas de Cusa, devancé Copernic et recommencé Pythagore ; Giordano Bruno, expié sur un bûcher son panthéisme scientifique. Avec le *Nuovum Organum* de *François Bacon*, la méthode expérimentale tend à se substituer à la métaphysique scolastique. *Spinoza* paraît. Avec lui, renaît dans la philosophie moderne la notion de substance des syncrétistes Vedanta, dans un univers d'indétermination plein d'une chose unique, à la fois matière, mouvement, force, pensée, Dieu. Un peu avant *Spinoza*, *Descartes* avait rêvé d'un monde où l'esprit *nulle part* anime partout une matière tourbillonnaire, élément des corps ; mais, on sait que Descartes a brûlé la partie cosmogonique la plus importante de ses écrits et sa matière globuleuse est si proche de notre matière pondérable, sa matière subtile si proche de notre éther qu'on se demande si sa conception réelle ne sommeille pas dans la cendre de ses œuvres. L'impossibilité de son dualisme a fait entrevoir à *Leibnitz* un monde géométrique de points monades, dont les mouvements s'enchaînent sans action réciproque et par harmonie préétablie. Dès 1610, Gassendi revient à l'hypothèse des atomes dans le vide d'Épicure et de *Lucrèce* ; mais, pour lui, comme pour Newton, le lien des atomes, la trame de l'espace, ce n'est pas le mouvement : c'est l'esprit de Dieu. Les difficultés de tant de définitions suggèrent à *d'Holbach* et à *La Mettrie* un monde de matière étendue s'organisant en vertu de sa propre activité. C'est le dix-huitième siècle. Les progrès de l'astronomie ouvrent des horizons jadis insoupçonnés. *Huygens* se pose cette question : « Les planètes extra-terrestres peuvent-elles se trouver habitées? » *Fontenelle* y répond par son livre *la Pluralité des mondes*.

LAGRANGE, *Étude sur le système des forces du monde physique*, 1 vol in-4, 20 fr. — LEIBNITZ, *Œuvres complètes*, 7 vol. in-8, 56 fr.

DE 3 A 6 FRANCS LE VOLUME

DESCARTES, *Œuvres*, 1 volume in-18 3 fr. 50; rel. 5 fr.

D'HOLBACH, *Système de la Nature* (à éditer prochainement).

SPINOZA, *Œuvres complètes*, 5 vol. in-16. T. I épuisé; les autres. . . 16 fr. rel. 20 fr.
— *Lettres inédites*, 1 vol. in-12 . 3 fr.

BACON (trad. E. Burnouf), *Extraits du Nuovum Organum*, broch. in-12, 0 fr. 90. — FONTENELLE, *Pluralité des mondes habités*, 1 vol. in-32, 0 fr. 25; rel., 0 fr. 45.

XIXe SIÈCLE

Le côté scientifique de la philosophie se confond de plus en plus avec la philosophie même et, comme dans l'antiquité grecque, science et philosophie tendent à devenir une seule science. *Lavoisier* a proclamé la constance de la matière; précédemment, Newton, celle du mouvement, et *Leibnitz*, celle de la force vive, qui ne sont pas incompatibles; en 1842, Robert Mayer définit à son tour la constance de l'énergie : c'est au fond une affirmation même à des points de vue différents et comme les querelles de mots ont perdu de leur importance, c'est cette constance des éléments principes qui s'affirme dans *Herbert Spencer*, dans *Schopenhauer* qui voit dans la force une volonté, dans *Buchner* où matière, mouvement et force sont inséparables et ne sont que les aspects d'une chose unique, dans *Helmholtz*, dans *Grove*, dans *Berthelot*, dans *Dumas* qui jaugent les manifestations physico-chimiques, dans *Haeckel*, dans *C. Vogt* qui voient le monde plein d'une substance sensible à un faible degré et dans le sentiment de plaisir ou de déplaisir résultant de la densation ou de la tension, lui donne un mobile de mouvement et d'action, dans *Marx*, qui conçoit l'atome comme un centre de dépression tourbillonnaire, élément de gravitation, dans *Clémence Royer*, pour qui l'Être Univers est un ensemble d'êtres atomes comme le corps humain de cellules, atomes se limitant, sentant, se mouvant pour occuper l'espace par tendance naturelle à l'expansion, pour le déiste prince Stourdza, même, pour qui tout est par nécessité géométrique dans un monde d'atomes insécables dans le vide comme les atomes de Lucrèce et de Gassendi, etc.

Berthelot, *Science et Philosophie*, 1 vol. in-8, 7 fr. 50. — Buchner, *Nature et Science*, 1 vol. in-8, 7 fr. — J.-B. Dumas, *Philosophie chimique*, 1 vol. in-18, 7 fr. — Haeckel, *les Énigmes de l'univers*, 1 vol. in-8, 10 fr. — Hannequin, *l'Hypothèse des atomes*, 1 vol. in-8, 7 fr. 50. — Lange, *Histoire du matérialisme*, 2 vol. in-8, 20 fr. — A. Marx, *l'Éther, principe universel des forces*, 1 vol. gr. in-8, fig., 6 fr. 50. — R. Pictet, *Étude critique du matérialisme et du spiritualisme par la physique expérimentale*, 1 vol. gr. in-8, 10 fr. — Clémence Royer, *la Constitution du monde*, 1 vol. in-8, fig., et pl., 15 fr. — Schopenhauer, *le Monde comme volonté et comme représentation*, 3 vol. in-8, 22 fr. 50. — H. Spencer, *les Premiers Principes*, 1 vol. in-8, 10 fr. — G. Stourdza (Prince), *les Lois fondamentales de l'univers*, 1 vol., 8 fr. — W. Thomson, *Constitution de la matière*, 1 vol. in-18, fig., 7 fr. 50. — Wolf, *Hypothèses cosmogoniques* (épuisé récemment).

DE 3 A 6 FRANCS LE VOLUME

Balfour-Stewart, *la Conservation de l'énergie*, 1 vol. in-8. . . 6 fr. »

Chevreul, *Résumé d'une histoire de la matière des philosophes grecs à Lavoisier*, 1 vol. in-4. . . 5 fr. »

Camille Flammarion, *la Pluralité des mondes habités*, 1 vol. in-18, fig. 3 fr. 50

A. Lefèvre, *la Philosophie*, 1 vol. in-12. . . . 5 fr.; rel. 5 fr. 75

Letourneau, *Science et Matérialisme*, 1 vol. in-12, 4 fr. 50 ; rel. 5 fr. 25

Norman Lockyer, *l'Evolution inorganique*, 1 vol. in-8, fig. . 6 fr. »

Mottez, *la Matière, l'éther et les forces*, 1 vol. gr. in-8, fig.. . 4 fr. »

C. Rolland, *Esprit et Matière* (récemment épuisé).

Stallo, *la Matière et la physique moderne*, 1 vol. in-8 . . . . 6 fr. »

Turpin, *les Causes des phénomènes*, 1 vol. in-18, fig. . . . . 3 fr. 50

Auerbach, *la Dominatrice du monde et son ombre*, 1 vol. in-16, 2 fr. 75. — Buchner, *Force et Matière*, 1 vol. in-8, 2 fr. — Crookes, *Eléments et méta-éléments*, 1 vol. in-8, 1 fr. — Haeckel, *les Énigmes de l'univers*, 1 vol. in-8, édition populaire, 2 fr. — Clémence Royer, *la Matière*, broch. in-8, 1 fr.; *Attraction et gravitation*, broch. in-8, 1 fr.; *la Constitution du monde*, broch. in-8, 1 fr.

A la question : « Qu'est-ce que le monde ? » à laquelle tendent à répondre les différentes conceptions du monde, il faut ajouter : « D'où viennent les mondes ? » question principe des cosmogonies :

GENÈSE DES MONDES

ANTIQUITÉ ET MOYEN AGE

Ce que nous avons dit précédemment de l'antiquité peut se répéter dans cette notice. Le poème *de la Nature* de *Lucrèce*, qui résume les données matérialistes de l'antiquité, peut s'opposer aux genèses religieuses des peuples primitifs.

MOÏSE, *La Genèse* (trad. Lenormant), 1 vol. in-8, 7 fr. 50. — LUCRÈCE, *De la Nature*, 1 vol. in-18, 3 fr. 50.

Car, parmi les écrivains antiques dont les conceptions sont le plus souvent éparses, il y a eu des spiritualistes comme Moïse ou *Platon* et des athées comme Démocrite, Épicure, etc. Au moyen âge, chez les écrivains même dont s'affirme une certaine tendance scientifique, il y a toujours Dieu comme créateur et cause première. Les idées diffèrent sur les détails de la révélation, mais sont unanimes sur le premier chapitre de la Bible.

MODERNES

Au dix-septième siècle, certaines pages d'écrivains, de *Buffon* par exemple, peuvent être considérées comme des fragments de cosmogonie scientifiques. *D'Holbach*, lui, conçoit nettement une matière s'organisant elle-même en vertu de sa propre activité. Mais, le premier, toutefois, *Kant*, dans sa *Cosmogonie gazeuse*, explique la formation des mondes par la condensation des amas fluidiques des nébuleuses, en masses solides animées de translation, hypothèse qui, développée par le calcul, se retrouve dans *Herschell* et qui est la conclusion de la géniale *Exposition du système des mondes* de *Laplace*.

BUFFON, *Œuvres complètes*, 12 vol. gr. in-8, fig. et pl., 150 fr. — D'HOLBACH, *Système de la Nature* (à éditer prochainement). — LAPLACE, *Exposition du système des mondes*, 1 vol. in-4, 20 fr.; Holl., 25 fr.

XIXe SIÈCLE

Depuis *Laplace*, presque tous les essais de cosmogonie scientifique relatifs à la formation des astres s'appuient sur ses écrits. *Cuvier* a tenté d'expliquer la modification de la Terre par une série de cataclysmes. *Lyell* a fait justice de cette hypothèse, dont on retrouve la trace jusque dans *Clémence Royer* qui admet la possibilité que la Terre ait été choquée plusieurs fois par d'autres astres. *Lacépède* et *Quinet* ont écrit sur les époques de la Nature de jolies pages à la manière de *Buffon*. Différents auteurs, à l'exemple de *Flammarion* qui a modernisé *Zimmermann*, ont traité ce même sujet par la cosmogonie gazeuse. On retrouve à ce propos l'exposition du système de Kant résumé dans *Wolf* et dans la *Création* de *Haeckel*. Nous ne pouvons citer qu'à titre documentaire le livre de *Faye* qui est un adversaire déiste de *Laplace*. Mais, que la matière pondérable des astres provienne elle-même de l'éther, c'est une hypothèse qu'on sent poindre sourdement dans les écrits des philosophes scientifiques qui ont écrit récemment sur la substance des choses et dans ceux qui ont traité de la cosmogonie en s'appuyant sur le matérialisme de *Buchner* ou le substantialisme de *Spinoza.*

Brehm, *la Terre avant l'apparition de l'Homme,* 1 vol. gr. in-8, fig., 12 fr. — Faye, *Constitution du monde* (documentaire). — Flammarion, *le Monde avant la création de l'Homme,* 1 vol. gr. in-8, fig. et pl., 12 fr.; rel., 15 fr. — Haeckel, *les Énigmes de l'univers,* 1 vol. in-8, 10 fr.; *Histoire de la création naturelle,* 1 vol. in-8, fig. et pl., 12 fr. 50. — Clémence Royer, *Constitution du monde,* 1 vol. in-8, fig. et pl., 15 fr. — Prince Stourdza, *Lois fondamentales de l'univers,* 1 vol. gr. in-8, 8 fr. — Wolf, *Hypothèses cosmogoniques* (récemment épuisé). — Zimmermann, *le Monde avant la création de l'Homme,* 1 vol. in-8, fig. et pl., 10 fr.

DE 3 A 6 FRANCS LE VOLUME

Chevreul, *Histoire de la matière depuis les philosophes grecs jusqu'à Lavoisier,* 1 vol. in-4. . . . . 5 fr. »

Cuvier, *les Révolutions du globe* (documentaire).

Dreyfus, *Evolution des mondes et des sociétés,* 1 vol. in-8 . . . 6 fr. »

Flammarion, *la Fin du monde,* 1 vol. in-18. . . . . 3 fr. 50

Du Ligondès, *Formation mécanique du système des mondes,* 1 vol. in-8 fig. . . . . 5 fr. »

Norman Lockyer, *l'Evolution inorganique,* 1 vol. in-8, fig. . 6 fr. »

E. Quinet, *la Création,* 2 vol. in-8 10 fr. »

Turpin, *Formation des mondes,* 1 vol. in-18 fig. . . . . 3 fr. 50

Buchner, *Force et Matière,* 1 vol. in-8, 2 fr. — W. Crookes, *la Genèse des éléments,* 1 vol. in-8, fig., 1 fr. 50. — Haeckel, *les Énigmes de l'Univers,* 1 vol. in-8, édition populaire, 2 fr. — Clémence Royer, *Histoire du ciel,* 1 vol. in-18, fig., 2 fr. 50.

Proche du monde inorganique, le monde matériel organique est celui dont l'observation nous touche de plus près, car son étude conduit à une conception rationnelle de la vie comme celle du premier à une conception rationnelle de l'ensemble des choses. A la physico-chimie de l'inorganique, il faut donc opposer, en tant que science technique, la physico-chimie de l'organique. La physico-chimie de l'organique est une science de spécialisation récente. Elle a, comme celle de l'inorganique, une partie fondamentale théorique et une partie appliquée; mais de toute manière c'est elle que la biologie moderne a prise pour base de ses théories sur le mécanisme vital:

PHYSICO-CHIMIE DE L'ORGANIQUE

La physico-chimie de l'organique n'a pas de créateur. Elle se dégage peu à peu comme une branche spéciale de la physico-chimie. Déjà, à la fin du dix-huitième siècle, Chaptal, dans un but pratique, Vauquelin et Robiquet, à un point de vue théorique, s'attachent plus spécialement à son étude. D'autres imitent leur exemple et chaque jour connaît la découverte d'un nouveau principe extrait des corps vivants : la xyloïdine (Braconnet), le fulmi-coton (Pelouze), le chloroforme (Soubeyran), etc. Les recherches de *Chevreul* sur les corps gras sont à jamais célèbres. Il en est de même de celles de *Pasteur* sur les fermentations qui l'ont conduit à l'étude du rôle des infiniment petits au point de vue des élaborations chimiques et mené à des découvertes si fécondes ; mais, jusqu'à *Berthelot* qui arriva à fabriquer de l'alcool par des procédés de laboratoire, on n'était parvenu qu'à l'analyse des substances chimiques. Cette synthèse célèbre, même au point de vue philosophique, a ouvert une ère nouvelle : car *on ne peut plus dire* comme auparavant *que les matières organiques ont une nature spéciale et que la vie seule peut les élaborer*. Les lois de la chimie organique ont eu leur définition au point de vue théorique (*Gerhardt*, *Grimaux*, etc.), au point de vue biologique (*Würtz*, *Chasserant*, etc.), au point de vue industriel (*Payen*, Boucherie, etc.), au point de vue agricole (*Grandeau*, Ville, etc.). En ce qui concerne la constitution de la matière, l'ancienne classification de Graham des substances en colloïdes (plastiques) et cristalloïdes (durs) est celle qui résume le mieux peut-être à l'esprit la différence entre les deux principes inorganique et organique, toujours étroitement mélangés dans la production de la vie.

M. Arthus, *les Travaux récents sur la coagulation du sang*, in-8, 2 fr. — P. Mazé, *Évolution du carbone*, in-8, 2 fr. — A. Perret, *la Chimie dans la vie, dans l'industrie et dans la Nature*, 1 vol. in-18, fig., 2 fr. 50.

Comme en appliquant la mécanique, la physique et la chimie à l'étude des astres, on aboutit à l'astronomie proprement dite, de même, en appliquant ces différentes sciences à l'étude des êtres organisés, on arrive à la biologie ou science de la vie des êtres organisés. Cependant, l'étude de la vie dans les organes est tellement liée à l'anatomie de ces mêmes organes qu'on ne peut aborder l'une de ces sciences sans empiéter sur l'autre. L'anatomie comparée des animaux nous révèle entre les êtres les plus différents les liens de parenté d'un enchaînement unique. Ces mêmes indices de parenté entre les êtres se retrouvent quand on étudie leur formation embryonnaire. Ils se retrouvent encore dans la succession anatomique des êtres préhistoriques qui ont disparu depuis des milliers de siècles de la surface du globe. Tous ces faits acquièrent une signification de plus en plus remarquable dès qu'on aborde l'une quelconque des sciences modernes qui se rapportent à l'étude de la vie organique :

BIOLOGIE, ANATOMIE, EMBRYOLOGIE GÉNÉRALES

AVANT LE XIXe SIÈCLE

On trouve des notions de ce genre dans les écrits des médecins célèbres de l'antiquité comme *Hippocrate*, Erasistrate, Galien ; mais *Aristote* surtout a discouru d'une manière bien spéciale sur ce sujet.

Aristote, *Traité des parties des animaux*, 2 vol. in-8, 20 fr.; *Génération des animaux*, 2 vol. in-8, 20 fr. — Galien, *Œuvres*, 2 vol. gr. in-8, 20 fr. — Hippocrate, *Œuvres complètes*, 10 vol. in-8, 100 fr.

Au moyen âge, la dissection des cadavres étant considérée comme sacrilège, l'anatomie ne fait aucun progrès. C'est lentement, à travers les temps modernes, après de périlleux essais de Vésale, Servet, etc., que s'édifient les principales découvertes relatives à celle-ci et à l'embryologie. En 1628, Harvey découvre la circulation du sang et, après des études sur les organes génitaux des biches, émet cette affirmation célèbre : « Tout être naît d'un œuf. » Mais les microscopes étaient alors trop imparfaits pour qu'on pût suivre le développement du germe animal. Ce qu'Harvey prenait pour l'œuf mammifère était en réalité le follicule qui le contient. Un peu plus tard, Malpighi donnait la première description à peu près exacte de la formation du poulet. Au dix-huitième siècle, Wolf avait déjà prétendu que cette formation était le résultat d'une suite naturelle de métamorphoses par développement, dans le même temps où Haller s'attardait à l'idée d'un emboîtement fabuleux de germes en l'ovaire des premières femelles de la création, et ce fut cette théorie adoptée par *Leibnitz* qui régna jusqu'au dix-neuvième siècle.

XIXe SIÈCLE

Il y eut à ce moment un éveil d'attention sur les problèmes de la vie organique. Chaque jour connut des découvertes nouvelles en biologie, en physiologie, en anatomie, en embryologie. Déjà *Lavoisier* avait étudié le rôle de la chaleur dans la respiration, en 1828, *Dutrochet*, découvert le curieux phénomène de l'endosmose, si important en biologie, etc., Muller, même, en Allemagne, avait créé la physiologie comparée, dans le même temps où, chez nous, le grand *Bichat* écrivait ses *Recherches sur la vie et la mort*, mais on s'attardait encore à l'hypothèse d'une prétendue force vitale, dont la conception faisait dévier les résultats d'expériences acquises. Ce ne fut que peu à peu, quand les progrès des microscopes permirent de suivre plus profondément les phénomènes invisibles de la vie, après la découverte de la cellule qui réduisit les animaux supérieurs au rang de polypes ambulants, pour ainsi dire, puis, lorsque le génie de *Darwin* eut éclairé d'un jour si nouveau l'observation évolutive, qu'on arriva à reconnaître et à apprécier un grand nombre de phénomènes qu'on avait jusque-là considérés comme dépourvus d'intérêt. Alors, dans cette deuxième partie du siècle, la biologie et la physiologie furent des sciences vraiment spécialisées et destinées, le plus fortement peut-être, à influencer la philosophie, par les découvertes futures qu'elles sont appelées à réaliser.

Parallèlement en France, au début du siècle, *Cuvier* créait l'anatomie comparée et *Bichat*, l'anatomie générale. C'est ce dernier qui divisa l'organisme par son mode substantiel en systèmes osseux, fibreux, musculaire, etc... mais il ne pouvait pas savoir que ces différenciations importantes avaient pour origine celles d'un élément cellulaire unique, qui ne fut vraiment étudié qu'en 1838 par Schwann et dont la signification ne fut comprise que plus tard. Une nouvelle science naquit de ce progrès, c'est l'histologie ou science des tissus, qui classe ces derniers par leur mode cellulaire et que les études les plus récentes ont fait s'orienter dans un sens remarquable, l'histogenèse, ou genèse des tissus qui, pour les animaux comme pour les plantes, tend à substituer le classement de ceux-ci par leur spécialité originelle à leur spécialité descriptive.

G.-A. Chatin, *Anatomie comparée des végétaux*, 1 vol. gr. in-8 et atlas, 90 fr. — J. Chatin, *les Organes des sens dans la série animale*, 1 vol. in-8, fig., 12 fr. — Cornil, Ranvier, Brault et Letulle, *Histologie* (en publication), 2 premiers volumes, gr. in-8, fig., 50 fr. — Cuvier, *Œuvres*, 4 vol. gr. in-8, ill., 50 fr. — Gegenbaur, *Anatomie comparée* (récemment épuisé). — Geoffroy-Saint-Hilaire, *Histoire des Anomalies de l'organisation chez les animaux*, 3 vol. in-8 et atlas, 27 fr. — L. Lyonet, *Recherches sur l'anatomie et les métamorphoses des insectes*, 2 vol. in-4, pl., 15 fr. — Prenant, Bouin et Maillart, *Traité d'histologie*, 1 vol. gr. in-8, fig. col., 70 fr. — L. Ranvier, *Histologie*, 1 vol. gr. in-8, fig. et pl., 12 fr. — Roule, *Anatomie comparée des animaux basée sur l'embryologie*, 2 vol. gr. in-8, fig., 48 fr. — Germain de Saint-Pierre, *Histoire des anomalies de l'organisation dans le règne végétal*, 1 vol. in-8, pl., 10 fr. — C. Vogt et Yung, *Anatomie comparée*, 2 vol. gr. in-8, grav. col., 64 fr. — Wiedersheim, *Anatomie comparée des vertébrés*, 1 vol. gr. in-8, fig. (récemment épuisé).

J. Chatin, *les Organes de nutrition et de reproduction chez les invertébrés*, 1 vol. in-8, 2 fr. 50 ; *les Organes de nutrition et de reproduction chez les vertébrés*, 1 vol. in-8, 2 fr. 50. — Loewenthal, *Questions d'histologie. La Cellule et les Tissus*, 1 vol. in-12, 2 fr. 50.

L'histogenèse a sa source dans l'embryologie pour qui l'embryogenèse est ce qu'est l'histogenèse à l'histogénie. C'est en 1806 qu'Oken reprit l'hypothèse de Wolf, oubliée depuis le dix-huitième siècle, et substitua à l'idée d'une préformation celle d'une série naturelle de transformations dans la production de l'être animal. Une vingtaine d'années plus tard, Baër émettait sa théorie célèbre des feuillets germinatifs : tous les tissus complexes dérivent de deux feuillets cellulaires primitifs. En 1860, enfin, Kölliker, précisant la question, fondait définitivement la théorie cellulaire en prouvant que l'œuf fécondé et le spermatozoïde fécondant n'étaient que de simples cellules ; les segmentations de l'œuf : le dédoublement, puis la multiplication de la cellule fécondée en d'autres cellules et les feuillets germinatifs : des produits cellulaires dont il démontrait l'existence chez les invertébrés.

Dareste, *Recherches sur la production artificielle des monstruosités*, 1 vol. gr. in-8, fig. et pl. col., 28 fr. — Mathias Duval, *Études sur l'embryologie des cheiroptères*, 1 vol. in-8, fig. et pl., 15 fr. ; *le Placenta des rongeurs*, 1 vol. in-4, fig. et atlas, 40 fr. ; *le Placenta des carnassiers*, 1 vol. in-4 et atlas, 25 fr. — Foster et Balfour, *Éléments d'embryologie*, 1 vol. in-8, fig., 7 fr. — Roule, *l'Embryologie comparée*, 1 vol. gr. in-8, fig., 32 fr.

DE 3 A 6 FRANCS LE VOLUME

Roule, *l'Embryologie générale*, 1 vol. in-12, fig., 5 fr. ; rel. . . . . 5 fr. 75

Comme des études techniques de l'inorganique se dégage l'ensemble des conceptions rationnelles du monde inorganique, de même, c'est sur les sciences que nous venons d'énumérer que doit s'appuyer toute conception scientifique de la vie et du monde organiques :

CONCEPTION SCIENTIFIQUE DE LA VIE

AVANT LE XIXe SIÈCLE

A ce point de vue spécial, parmi les antiques, c'est encore *Aristote* et *Lucrèce*, lesquels admettent la génération spontanée, qui se rapprochent le plus de nous. Dès les progrès de l'anatomie moderne, se manifestent deux tendances opposées, les tendances vitalistes qui attribuent les phénomènes organiques à une force spéciale et les tendances mécanistes qui cherchent à rapporter les phénomènes vitaux aux mêmes causes que les phénomènes inorganiques. De ces dernières, au dix-huitième siècle, *La Mettrie* est le principal représentant, bien que *Descartes* ait eu d'avance la notion d'un machinisme animal et qu'à sa suite, Borelli ait tenté de l'expliquer par le dynamisme et Sylvius par la chimie. Au point de vue des enchaînements, c'est dans *Buffon* que l'on trouve les premières notions d'une mutabilité possible des espèces.

Aristote, *Métaphysique*, 3 vol. in-8, 30 fr. — Buffon, *Œuvres complètes*, 12 vol. gr. in-8, fig. et pl., 150 fr. — La Mettrie, *l'Homme-machine*, *l'Homme-plante* (à éditer prochainement). — Lucrèce, *De la Nature*, 1 vol. in-16, 3 fr. 50.

XIXe SIÈCLE

Au début du dix-neuvième siècle, on retrouve les deux écoles en présence: la première avec *Bichat*, *Dutrochet*, etc., la seconde avec *Cabanis*. Toutefois, si, dans les écrits des savants et des philosophes de tous les temps, on rencontre des théories sur la nature de l'activité vitale et sur les êtres organisés, on peut dire qu'il n'y a pas eu de philosophie zoologique rationnelle avant *Lamarck*, dans la première partie du dix-neuvième siècle. Déjà, *Gœthe*, en Allemagne, dans ses « Métamorphoses des Plantes » avait entrevu la possibilité d'une descendance organique. Lamarck dans sa *Philosophie zoologique* affirma cette possibilité et *Geoffroy-Saint-Hilaire* adopta ses théories contre *Cuvier*, en des disputes restées célèbres. Le fait que Siebold, en 1845, avait démontré que certains animaux inférieurs n'étaient que de simples cellules (tout comme l'œuf, tout comme la cellule du tissu) allait prendre par la suite une importance considérable. En 1859, DARWIN publia son livre célèbre sur l'*Origine des espèces*, où il définit sa théorie de la sélection naturelle en l'appuyant d'un tel luxe d'observations concordantes qu'on a pu dire de lui qu'il était le *Newton* de l'histoire naturelle. Bien que son compatriote *Wallace* eût émis dans le même temps la même théorie, c'est le darwinisme qui rayonne aujourd'hui dans toutes les branches de la science moderne. Des physiciens même s'en sont emparés pour expliquer le monde. Presque tous les grands penseurs naturalistes (*Buchner*, *Haeckel*, *Delage*, *Lubbock*, *C. Vogt*, etc.) l'ont adopté. Certains, comme *Edmond Perrier*, *Houssay*, *le Dantec*, etc., lui ont donné une signification propre à leur expérience ou à leur tempérament ; en ces derniers temps, *Weismann* a émis sa théorie de la continuation et de l'immortalité du plasma germinatif qui, vraie ou fausse, en est une interprétation intéressante ; mais, le fond même du transformisme, des théories de *Lamarck* et de *Darwin* reste acquis à la philosophie scientifique comme une de ses plus belles conquêtes.

Pioger, *la Vie et la Pensée*, 1 vol. in-8 . . . . 5 fr. | Rossi, *le Darwinisme et les Générations spontanées* (récemment épuisé).

L. Errera, *Une leçon élémentaire sur le Darwinisme*, 1 vol. in-8, 1 fr. 50. — Haeckel, *les Énigmes de l'Univers* (édition populaire), 1 vol. in-8, 2 fr. — Hallez, *Morphologie générale et affinités des turbellariées*, 1 vol. in-8, 2 fr. — Le Dantec, *la Matière vivante*, 1 vol., 2 fr. 50 ; cart., 3 fr. — S.-J. Lubbock, *les Insectes et les Fleurs sauvages*, 1 vol. in-12, fig., 2 fr. 50, cart., 3 fr. — Victor Meunier, *Sélection et perfectionnement animal*, 1 vol. in-8, 2 fr. 50. — C. Vogt, *Leçons sur les animaux utiles et nuisibles*, 1 vol. in-12, fig., 2 fr. ; cart., 2 fr. 50.

Des conceptions philosophiques de la vie, on ne saurait déduire la genèse des êtres organisés sans l'étude de l'importante documentation que nous fournit la

PALÉONTOLOGIE

qui traite de l'organisation des espèces disparues. La paléontologie a reconnu la plupart des intermédiaires entre les espèces végétales ou animales les plus différentes qui se sont succédé durant l'immensité des périodes géologiques. On peut dire qu'elle est actuellement la base de l'enchaînement des règnes. Quelques écrivains de l'antiquité, à la Renaissance, Léonard de Vinci, Bernard de Palissy avaient découvert la nature véritable des fossilations. Ce n'est pourtant qu'au commencement du dix-neuvième siècle que *Cuvier* a fait de leur étude une science véritable, dont il n'a malheureusement pas compris toute la portée. Avec lui, s'illustrèrent encore vers la même époque *I. G. Saint-Hilaire* qui étudia les oiseaux géants de Madagascar ; *Agassiz*, les poissons ; *d'Orbigny*, *Pictet*, les mollusques, etc. etc.

Cuvier, *Œuvres*, 4 vol. gr. in-8, 50 fr. — D'Orbigny, *Prodrome de paléontologie*, 3 vol. in-18, 12 fr. — Pictet, *Traité de paléontologie*, 4 vol. in-8 et atl., 80 fr.

Depuis, les remarquables travaux de *Milne-Edwards* sur les polypes, de *Brongniart* sur les plantes, de *Fillol*, sur la faune de Sansan, de *Gaudry* sur celle de Pikermi, etc., ont éclairé un grand nombre de points de cette science restés obscurs. A l'étranger comme chez nous, des découvertes nombreuses s'accomplissent chaque jour. Des études comparées ont reconnu les berceaux d'origine insoupçonnés de certaines espèces, le mode de migration des saisons sur la terre. Enfin, au point de vue de la classification naturelle, la paléontologie est devenue le complément indispensable de la zoologie et de la botanique.

F. Bernard, *Paléontologie*, 1 vol. in-8, fig., 25 fr. — Brongniart, *Structure du sigillaria*, 1 vol. in-4, pl., 10 fr. — Deshayes, *Animaux sans vertèbres découverts dans le bassin de Paris*, 3 vol. in-4 et 2 vol. atlas, 250 fr. — Desor et de Loriol, *Description des oursins fossiles de la Suisse*, 1 vol. in-4 et atl., 100 fr. — Fillol, *Mammifères fossiles de Sansan*, 1 vol. in-8, pl., 25 fr. — P. Fisher, *Histoire naturelle des mollusques vivants et fossiles*, 1 vol. gr. in-8, fig. et pl., 35 fr. — Gaudry, *les Enchaînements du monde animal*, 3 vol. gr. in-8, fig., 30 fr. (comprenant : *Fossiles primaires*, 10 fr.; *Fossiles secondaires*, 10 fr.; *Mammifères tertiaires*, 10 fr.). — P. Gervais, *Zoologie et paléontologie françaises*, 1 vol. in-4, 65 fr. — Milne-Edwards, *Polypiers fossiles*, 1 vol. in-4, pl., 30 fr. — B. Renault, *Contributions à la Paléontologie végétale*, 1 vol. in-4, pl., 10 fr.; *Cours de Botanique fossile*, 4 vol. in-8, pl. (t. I, épuisé), les trois autres, 75 fr. — De Saporta, *les Plantes fossiles*, 4 vol. av. pl., 290 fr.; *les Organismes problématiques des anciennes mers*, 1 vol. in-4, pl., 25 fr.

DE 3 A 6 FRANCS LE VOLUME

Gaudry, *les Mastodontes*, 1 broch. in-4, pl. . . . . 3 fr. 50
— *Le Dryopithèque*, 1 broch. in-4 av. pl. . . . . 3 fr. »
— *Les Pythonomorphes de France*, 1 broch. in-4, pl. . . . . . . 5 fr.
O. Schmidt, *les Mammifères dans leur rapport avec leurs ancêtres géologiques*, 1 vol. in-8. . . . . . 6 fr.

De l'étude des sciences précédentes se déduit, pour ainsi dire naturellement, l'histoire de la genèse organique :

GENÈSE DE LA VIE

Dans l'antiquité, à ce point de vue, on peut encore opposer l'un à l'autre l'un quelconque des poèmes religieux ou athées, enfantés par le génie poétique. Les conceptions du moyen âge sont les mêmes que celles de la Bible. On trouve quelques jolies descriptions des âges de la Nature dans *Buffon*, parmi les modernes ; mais ce n'est qu'après *Lamarck* et *Darwin* que la philosophie tend désormais à raconter ouvertement la succession des êtres en partant d'une origine commune. C'est à *Haeckel* que revient l'honneur d'avoir le premier tenté de raconter cette genèse dans son *Histoire de la Création naturelle*. Ce n'est pas qu'avant lui des écrivains, comme *Edgar Quinet*, n'aient esquissé des récits de la création à la manière descriptive de *Buffon* ; mais il fallait la grande science du professeur d'Iéna pour résumer d'une manière rigoureuse l'ensemble des faits révélés par le transformisme. Depuis, il y a eu des tentatives analogues et d'une manière moins directe, en France, quelques livres de *Gaudry* sont typiques à cet égard. La description des époques végétales est magnifique dans *Saporta* ; enfin, au point de vue de la vulgarisation, après *Zimmermann*, *Flammarion*, *Figuier*, *Clémence Royer*, *Stéphane Servant*, etc., etc., ont écrit des pages descriptives sur les époques organiques.

BREHM, *la Terre avant l'apparition de l'homme*, 1 vol. gr. in-8, fig., 12 fr. — L. FIGUIER, *la Terre avant le déluge* (épuisé récemment). — FLAMMARION, *le Monde avant la création de l'homme*, 1 vol. in-8, fig. et pl., 12 fr.; rel., 15 fr. — GAUDRY, *les Enchaînements du monde animal*, 3 vol. gr. in-8, fig., 30 fr.; *la Paléontologie philosophique*, 1 vol. in-8, fig., 8 fr. — HAECKEL, *Histoire de la création naturelle*, 1 vol. in-8, fig. et pl., 12 fr. 50; *les Énigmes de l'Univers*, 1 vol. in-8, 10 fr. — DE SAPORTA, *le Monde des plantes*, 1 vol. in-8, 20 fr. — ZIMMERMANN, *le Monde avant la création de l'homme*, 1 vol. in-8, fig. et pl., 10 fr.

DE 3 A 6 FRANCS LE VOLUME

A. DE CANDOLLE, *Origine des plantes cultivées*, 1 vol. in-8. . . . . 6 fr.

GAUDRY, *les Ancêtres de nos animaux*, 1 vol. in-16, fig. . . . . 3 fr. 50

PRIEM, *l'Evolution des formes animales*, 1 vol. in-16, fig. . . . . . . 3 fr. 50

E. QUINET, *la Création*, 2 vol. in-8 10 fr.

G. DE SAPORTA, *Evolution du règne végétal*, 2 vol. in-8 . . . . 12 fr.

— *Origine paléontologique des arbres cultivés*, 1 vol. in-16, fig . . 3 fr. 50

O. SCHMIDT, *les Mammifères dans leur rapport avec leurs ancêtres géologiques*, 1 vol. in-8, fig. . . 6 fr.

DARWIN, *Origine des espèces*, 1 vol. in-8, 2 fr. 50. — HAECKEL, *les Énigmes de l'Univers*, édition populaire, 1 vol. in-8 écu, 2 fr. — LAMARCK, *Origine des animaux*, broch. in-18, 1 fr. — LALOY, *Évolution de la vie*, 1 vol. in-18, fig., 2 fr. 50. — S.-J. LUBBOCK, *De l'Origine et des Métamorphoses des insectes*, 1 vol. in-12, fig., 2 fr. 50; cart., 3 fr. — STÉPHANE SERVANT, *Préhistoire de la France*, 1 vol. in-16, fig. et pl., 1 fr. 50; rel., 2 fr.

L'Histoire naturelle proprement dite, technique ou descriptive, n'est qu'une page commentée, la page pour ainsi dire récente de la genèse de la vie :

HISTOIRE NATURELLE

AVANT LE XIXe SIÈCLE

Dans l'antiquité, *Aristote* et *Pline* ont écrit sur les animaux :

Aristote, *Histoire des animaux*, 3 vol. in-8, 30 fr. — Pline l'Ancien, *Histoire des animaux*, 2 vol. in-8, 24 fr.

Au moyen âge, on trouve quelques notions d'histoire naturelle, telle qu'on la comprenait à cette époque où la légende se mêlait à l'observation dans les récits des voyageurs (v. plus loin, Œuvres historiques). On peut citer comme plus spécialement fantastique, *Léon l'Africain*, tandis que *Marco Polo* et *Rubruquis*, par exemple, donnent des notions assez exactes sur les animaux de l'Asie.

Léon l'Africain, *Voyage en Afrique*, 3 vol. gr. in-8, cartes, 75 fr.; Hol., 100 fr. — Marco Polo, *Livre de Marco Polo*, 2 vol. in-8, 18 fr.

Les progrès de l'histoire naturelle sont toutefois très lents. Au commencement du dix-septième siècle, un grand nombre d'animaux des pays lointains sont encore inconnus en Europe. Il faut les écrits de voyageurs nombreux pour faire connaître la flore et la faune exotiques sous un jour moins fabuleux qu'au moyen âge. En France, surtout, l'ignorance est grande et les *Mémoires* de Claude Perrault sur la zoologie, de Tournefort sur la botanique, sont à peu près les seuls écrits qui vaillent la peine d'être cités. De plus, c'est sur des caractères végétaux très superficiels que Tournefort établit sa classification, et pendant près d'un siècle on n'en connaît pas d'autre. Au dix-huitième siècle, Linné se rend compte du sexe des végétaux et de l'importance de ses caractères dans la différenciation des espèces. C'est un progrès qui aboutit à la classification botanique de *Jussieu*. *Lacépède* écrit sur les reptiles et les poissons, Daubenton sur les quadrupèdes. Tant à l'étranger qu'en France, des naturalistes nombreux se spécialisent brillamment : Dufay étudie les salamandres, Tremblay, l'hydre d'eau douce, Spallonzi, le rotifère de la mousse, Nedhon, les infusoires, etc., etc. Mais l'œuvre la plus grandiose des temps modernes est celle de *Buffon* qui, styliste merveilleux, entrevoit et décrit l'unité de plan de la nature, l'enchaînement des règnes et qui, par certains côtés, est le précurseur de Lamarck.

Buffon, *Œuvres complètes*, 12 vol. gr. in-8., fig. et pl., 150 fr. — Jussieu, *Botanique*, 1 vol. in-18, fig., 6 fr.

XIXe SIÈCLE

En 1801, paraît *Lamarck*, qui divise le règne animal en vertébrés et en invertébrés et qui esquisse la théorie de l'évolution.

Cuvier, de son côté, édifie son tableau de l'histoire naturelle et, en collaboration avec *Geoffroy Saint-Hilaire*, publie son mémoire sur la classification des mammifères. En 1816, Blainville, le premier, se rend compte des trois grandes différenciations des vertébrés en monotrèmes, marsupiaux et placentaliens, basées sur des caractères de génération dans le règne animal, comme jadis *Linné*, dans le règne végétal, s'en était rendu compte, en opérant sa classification botanique. En 1824, *Candolle* cherche à compléter celle de Jussieu. Enfin après que *Darwin* eut publié sa fameuse *Origine des espèces*, une tentative générale de classement des espèces suivant leur descendance est ébauchée par *Haeckel* dans son *Histoire de la création*, tentative qui a donné lieu depuis à des essais de classement unique des espèces vivantes et disparues dont on retrouve l'expression méthodique dans la plupart des naturalistes contemporains. *Deshayes*, Lacaze-Duthiers, *Paul Gervais*, *Milne-Edwards*, *Edmond Perrier*, *Delage*, *Hérouard*, *Quatrefages*, etc., ont écrit sur les animaux, *Weddell*, *Bureau*, *Dehérain*, *de Lanessan*, *Regnault*, *Saporta*, etc., sur la botanique. Enfin, les expéditions scientifiques, les voyages de naturalistes, les tentatives de pénétration coloniale, ont achevé de faire connaître les espèces vivantes ou disparues de toutes les parties du monde.

---

gères, 2 vol. in-4, pl., 74 fr. — GAUDICHAUD, *Botanique de voyage autour du monde*, 4 vol. in-8 et atlas, 80 fr. — GRENIER, *la Flore de la chaîne jurassique*, 1 vol. in-8, 12 fr. — HAECKEL, *Histoire de la création naturelle*, 1 vol. in-8, fig. et pl., 12 fr. 50; *Lettres d'un voyageur dans l'Inde*, 1 vol. in-8, 8 fr. — JAMMES, *Organisation et développement des nématodes*, 1 vol. gr. in-8, fig. et pl. col., 7 fr. 50. — M. LACORDAIRE, *Entomologie*, 2 vol., pl. noir, 25 fr.; col., 40 fr. — LEVAILLANT, *Voyage en Afrique*, 1 vol. in-8, 7 fr.; rel., 10 fr. — MARCHAND, *Champignons et lichens*, 1 vol. in-8, fig., 10 fr. — J. MARTIN, *les Papillons d'Europe*, 1 vol. in-8, obl., fig., pl. col., 9 fr. — MASCLEF, *les Plantes d'Europe*, 1 vol. in-8, obl., pl. col., 9 fr. — MILNE-EDWARDS, *les Crustacés*, 3 vol., pl., 42 fr.; *les Coralliaires*, 3 vol., pl., 37 fr.; *Expéditions scientifiques du Travailleur et du Talisman*, 7 vol. in-4, pl., 350 fr. — PRINCE DE MONACO, *Campagnes scientifiques sous-marines*, 12 fasc. in-4, pl., 208 fr. — DE QUATREFAGES et VAILLANT, *Annelés marins et d'eau douce*, 3 vol., pl., 54 fr. — SACHS, *Histoire de la botanique*, 1 vol. in-8, 9 fr. — I. GEOFFROY SAINT-HILAIRE, *Histoire des règnes organiques*, 3 vol. in-8, 24 fr. — DE SEYNES, *Histoire naturelle des végétaux inférieurs*, 1 vol. in-4, pl. col., 40 fr. — J. TYNDALL, *les Microbes*, 1 vol. in-8, fig., 8 fr. — VALENCIENNES, *Ichtyologie des îles Canaries*, 1 vol. in-4, pl., 15 fr. — VAN TIEGHEM, *les Plantes vasculaires*, 1 vol. gr. in-8, pl., 30 fr. — A. VINSON, *Aranéides de Madagascar*, 1 vol. in-8, pl., 20 fr. — H.-A. WEDDELL, *la Famille des urticées*, 1 vol. in-4, pl., 30 fr.

DE 3 A 6 FRANCS LE VOLUME

T. ANQUETIL, *Aventures et chasses dans l'Extrême-Orient*, 3 vol., 10 fr. 50; rel. . . . . 15 fr. »

BRUNACHE, *le Centre de l'Afrique*, 1 vol. in-8, fig. . . . . . . 6 fr. »

COOKE et BERKELEY, *les Champignons*, 1 vol. in-8, fig. . . . . 6 fr. »

COSTANTIN, *la Nature tropicale*, 1 vol. in-8, fig. . . . . 6 fr. »

COUPIN, *les Plantes qui guérissent, nourrissent et tuent*, 3 vol. in-8, pl. col. 4 fr. 50

DEHÉRAIN, *les Plantes de grande culture*, 1 vol. in-8. . . . 4 fr. »

DE FOLIN, *Pêches et chasses zoologiques*, 1 vol. in-16, fig. . 2 fr. »

HUXLEY, *l'Ecrevisse*, 1 vol. in-8, fig. 6 fr. »

DE LANESSAN, *la Botanique*, 1 vol. in-12, fig., 5 fr.; rel. . . 5 fr. 75

S.-J. LUBBOCK, *Abeilles, fourmis et guêpes* (récemment épuisé).

MICHELET, *l'Oiseau*, 1 vol. in-16 3 fr. 50

— *l'Insecte*, 1 vol. in-16 3 fr. 50

MILNE-EDWARDS, *Histoire naturelle*, 1 vol. in-18, fig. (Zoologie). 3 fr. »

VAN BENEDEN, *les Commensaux et les parasites*, 1 vol. in-8., fig. 6 fr. »

WEDDELL, *Voyage dans le nord de la Bolivie*, 1 vol. in-8. . . . 6 fr. »

CHESTER, *Histoire et rôle du bœuf dans la civilisation*, 1 vol. in-16, fig. et pl., 1 fr. 50; rel., 2 fr. — DESCHAMPS, *la Vie mystérieuse des mers*, 1 vol. in-16, fig. et pl., 1 fr. 50; rel., 2 fr. — GRANDIDIER, *Voyageurs français à Madagascar*, 1 vol. in-8, cartes, 2 fr. — S.-J. LUBBOCK, *les Insectes et les Fleurs*, 1 vol. in-12, fig., 2 fr. 50; cart., 3 fr. — YUNG, *Tableaux synoptiques de la classification des animaux*, broch. in-8, 2 fr.

De même que dans l'étude du monde, l'étude de la vie est pour nous des plus importantes, de même, dans l'étude de la vie, le chapitre de l'homme est celui qui nous touche de plus près :

BIOLOGIE, ANATOMIE, EMBRYOLOGIE HUMAINES

Pour tout ce qui est antérieur au dix-neuvième siècle, nous ne saurions que répéter ici ce que nous avons résumé précédemment, touchant la vie organique, car la plupart des auteurs qui se sont attachés à son étude ont nécessairement envisagé l'espèce humaine. Les travaux de *Bichat*, en effet, se rapportent surtout à l'homme. Il en est de même de ceux de *Claude Bernard*, dont les essais de physiologie expérimentale ont ouvert la voie aux contemporains et éclairé un grand nombre de problèmes restés obscurs, notamment ceux des actions indépendantes du grand sympathique et de l'utilité des nerfs vaso-moteurs dont il constata l'existence. Avant lui, *Béclard* avait publié un remarquable traité de physiologie expérimentale et *Marey* sa physiologie. Depuis, des travaux nombreux ont enrichi les archives de la science de la vie humaine, notamment ceux de *Flourens*, qui s'est malheureusement, comme *Cuvier*, en anatomie, attardé à donner aux faits une signification philosophique rétrograde, ceux très récents du docteur *Charles Richet* d'un mérite incontestable, ceux plus spécialement biologiques du docteur *Metchnikoff*, dont la théorie des phagocytes et des leucocytes est désormais célèbre, etc., etc. (V. aussi Psychologie scientifique).

G. BÉCLARD, *Physiologie humaine* (épuisé récemment). — CLAUDE BERNARD, *Physiologie*, 12 vol. in-8, fig. et pl., 86 fr. ; *Propriétés des tissus vivants*, 1 vol. in-8, fig., 8 fr. — PAUL BERT, *Leçons sur la physiologie comparée de la respiration*, 1 vol. in-8, fig., 10 fr. — CORNIL, *les Bactéries*, 2 vol. gr. in-8, fig. et pl., 40 fr — DEMENY, *Mécanisme et éducation des mouvements*, 1 vol. in-8, 9 fr. — MAREY, *Physiologie expérimentale*, 4 vol. in-8, 60 fr. — METCHNIKOFF, *Pathologie de l'inflammation*, 1 vol. in-8, fig. et pl., 7 fr. — J. NOE, *Recherches sur la vie oscillante*, 1 vol. in-8, 7 fr. — C. RICHET, *Cours de Physiologie*, 5 vol. in-8, fig., le 1er épuisé ; les 4 autres, 48 fr. — CARL VOGT, *Lettres Physiologiques*, 1 vol. in-8, fig., 12 fr. 50.

DE 3 A 6 FRANCS LE VOLUME

CL. BERNARD, *la Science expérimentale*, 1 vol. in-16. fig. . . . . . 3 fr. 50

FLOURENS, *Formation des os*, 1 vol. in-8., pl. . . . . 3 fr. »

LAUMONIER, *Physiologie générale*, 1 vol. in-12, fig., 5 fr. ; rel., 5 fr. 75.

ANGLAS, *Phénomènes des Métamorphoses internes*, 1 vol. in-8, 2 fr. — F.

de Fontenelle, *les Microbes et la mort*, 1 vol. in-16, fig. et pl., 1 fr. 50; rel., 2 fr. — Levaditi, *le Leucocyte et ses granulations*, in-8, 2 fr.

Des écrits du dix-huitième siècle, il est curieux de parcourir l'*Anthropologie* de *Kant*, le philosophe de Kœnigsberg; ou déjà bien oubliée, en ce genre spécial, après avoir été classique si longtemps, l'*Histoire naturelle de l'Homme*, de *Lacépède*. Après ce dernier et après *Cuvier* qui fonda l'anatomie comparée, le transformisme ayant orienté les études dans un sens nouveau, *Gegenbaur*, qui fut un novateur, écrivit un traité remarquable d'anatomie humaine. Chez nous, *Geoffroy Saint-Hilaire* s'attacha à la description des anomalies de l'organisme; M. Sée, à l'étude du cœur, etc. A côté de *Bichat* et de *Claude Bernard*, on peut citer parmi les créateurs scientifiques, *Paul Broca*, qui fut le chef de l'anthropologie contemporaine, science dans laquelle se sont ensuite distingués *de Quatrefages* et *Hamy* en étudiant les caractères des races préhistoriques et des races primitives.

P. Broca, *Mémoires d'anthropologie*, 5 vol. in-8, fig., 46 fr. 50. — Gegenbaur, *Traité d'anatomie humaine*, 1 vol. gr. in-8, fig. col., 35 fr. — Le Double, *Traité des Variations du système musculaire de l'homme et leur signification*, 2 vol. gr. in-8, 18 fr. — Pouchet et Tourneux, *Histologie et histogénie*, 1 vol. gr. in-8, fig., 15 fr. — Quatrefages et Hamy, *Crânes des races humaines*, 1 vol. in-4, fig. et atl., 160 fr. — Quatrefages, *Introduction à l'étude des races humaines*, 1 vol. in-8, fig. et pl., 20 fr. — Rabaud, *Anatomie et physiologie du corps humain*, 1 vol. in-4, fig. et pl. superposées, 24 fr.; *Anatomie élémentaire du corps humain*, 1 vol. in-4, fig. et pl. superposées, 8 fr. — M. Sée, *Anatomie du cœur*, 1 vol. in-4, pl., 12 fr.

DE 3 A 6 FRANCS LE VOLUME

Bichat, *Anatomie générale*, 2 vol. in-8 . . . . 7 fr. 50

Broca, *Recherches anthropologiques*, 1 vol. in-12 . . . . . . 5 fr. »

Chudzinski, *Observations sur les muscles peauciers du crâne*, 1 vol. in-8, fig. . . . . 4 fr. »

Delamare, *Anatomie des organes génitaux*, 1 vol. in-4., pl. superposées 4 fr. »

Kant, *Anthropologie* (documentaire), 1 vol. in-8 . . . . 6 fr. »

Topinard, *l'Anthropologie*, 1 vol. in-12. fig., 5 fr.; rel. . . . . 5 fr. 75

Bert et Pelanda, *la Nomenclature anatomique et ses origines*, 1 vol. in-8, 2 fr.

Enfin, en ce qui concerne l'embryologie et l'embryogénie humaines :

O. Hertwig, *Embryologie*, 1 vol. in-8, fig. et pl. col., 18 fr.; rel., 20 fr. — Kölliker, *Développement embryogénique de l'homme et des animaux supérieurs*, 1 vol. in-8, fig., 30 fr. — Prenant, *Embryogénie de l'Homme et des vertébrés*, 1 vol. in-8, fig. et pl., 16 fr. ; *Organogénie*, 1 vol. in-8, fig., 20 fr. — PREYER, *Physiologie spéciale de l'embryon*, 1 vol. in-8, 7 fr. 50.

C'est de l'étude des sciences précédentes que se dégage une conception rationaliste de la nature de l'homme :

CONCEPTION SCIENTIFIQUE DE L'ESPÈCE HUMAINE

Pour la période antérieure au dix-neuvième siècle, nous ne saurions que répéter ici ce que nous avons résumé dans la partie « Conception scientifique de la vie » en mentionnant les livres de *La Mettrie* qui se rapportent plus spécialement à l'homme et qui d'ailleurs ne sont pas réédités. Pour notre époque, l'œuvre qui, d'une façon technique, donne la plus juste idée de la valeur de l'espèce humaine, c'est certainement l'*Anthropogénie* de *Haeckel*. *Buchner*, *Carl Vogt* ont également abordé ce sujet à un point de vue général, nettement matérialiste, tandis que l'*Espèce humaine* de Quatrefages est moins affirmative ; enfin, dans ce genre de philosophie raisonnée, les leçons d'anthropologie de *Folkmar* sont aussi d'un haut enseignement.

BUCHNER, *l'Homme selon la science*, 1 vol. in-8, fig., 7 fr. — FOLKMAR, *Leçons d'anthropologie philosophique*, 1 vol. in-8, 7 fr. 50. — HAECKEL, *Anthropogénie* (récemment épuisé). — LE DOUBLE, *Traité des Variations du système musculaire de l'Homme et leur signification*, 2 vol. in-8, 48 fr. — CARL VOGT, *Leçons sur l'Homme*, 1 vol. in 8, fig., 10 fr.

DE 3 A 6 FRANCS LE VOLUME

CHUDZINSKY, *Observations sur les muscles peauciers du crâne*, 1 vol. in-8., fig . . . . 4 fr. »

DEBRET, *la Sélection naturelle dans l'espèce humaine*, 1 vol . . 3 fr. 50

METCHNIKOFF, *Etudes sur la nature humaine*, 1 vol. in-8., fig. 6 fr. »

DE QUATREFAGES, *l'Espèce humaine*, 1 vol. in-8. . . . . 6 fr. »

TOPINARD, *l'Homme dans la Nature*, 1 vol. in-8, fig. . . . . . 6 fr. »

DENOY, *Descendons-nous du singe ?* 1 vol. in-12, 2 fr. — A. SCHLEICHER, *De l'Importance du langage pour l'histoire naturelle de l'homme*, 1 vol. in-8, pl., 2 fr.

C'est des sciences précédentes aidées de la paléontologie spéciale de l'homme, malheureusement si peu riche, que se peut édifier la genèse humaine :

GENÈSE DE L'ESPÈCE HUMAINE ET PRÉHISTOIRE

Que l'espèce humaine soit descendue d'espèces animales antérieures par voie de transformation, cela ne fait plus de doute aujourd'hui pour toute personne qui a étudié la question sans préjugés et c'est ce qu'après *Lamarck*, *Darwin* s'est efforcé de démontrer dans son livre sur la descendance. Mais, quelle est la filiation de l'espèce humaine ? *Haeckel*, dans son *Histoire de la création naturelle* et dans sa remarquable *Anthropogénie*, s'est efforcé de résoudre cette question. L'Homme a commencé comme tous les êtres par une de ces cellules simples qu'en 1845, Siebold montra constituant des organismes libres dans la nature, cellules elles-mêmes provenues de grumeaux plasmatiques. Au sujet de la phase « vermiforme », il y a divergence entre le travail récent d'*Edmond Perrier* qui voit l'homme descendu de vers annelés et *Haeckel* qui lui donne pour ancêtre une autre forme de ver à chorda dorsale. Pour la phase simienne, *Hartmann* et Selika ont montré la grande analogie de l'homme et des singes. Au point de vue de la vulgarisation, on peut lire à ce sujet les deux petits livres de *Zaborowsky* et l'étude sur *le Dryopithèque*, de *Gaudry*. Pour l'intermédiaire direct entre l'homme et les singes, dans la brochure de : *l'Origine de l'homme d'Haeckel* et dans les *Six leçons de préhistoire*, par *Engerrand*, il est fait mention du *pithécanthrope fossile* découvert à Java, par Dubois. La question de nos origines peut être à l'heure présente considérée comme résolue dans ses grandes lignes.

Darwin, *la Descendance de l'homme*, 1 vol. in-8, fig., 12 fr. 50. — Haeckel, *Histoire de la création naturelle*, 1 vol. in-8, fig. et pl., 12 fr. 50. — E. Perrier, *les Colonies animales*, 1 vol. gr. in-8, fig. et pl., 18 fr.

DE 3 A 6 FRANCS LE VOLUME

Engerrand, *Six leçons de préhistoire*, 1 vol. in-12. . . . . . . 3 fr. 50

A. Gaudry, *le Dryopithèque*. 1 broch. in-4., pl. . . . . 3 fr. 50

Hartmann, *les Singes anthropoïdes et leur organisation comparée à celle de l'homme*, 1 vol. in-8, fig. 6 fr. »

Hovelacque, *Notre Ancêtre*, 1 vol. in-8, fig. . . . . 3 fr. »

C. Royer, *les Origines de l'homme* (récemment épuisé).

— *Les Ages préhistoriques* (récemment épuisé).

DENOY, *Descendons-nous du singe ?* 1 vol. in-12, 2 fr. — HAECKEL, *Origine de l'homme*, 1 vol. in-8 écu, 1 fr. — STÉPHANE SERVANT, *Préhistoire de la France*, 1 vol. in-16, fig. et pl., 1 fr. 50; rel., 2 fr. — ZABOROWSKY, *les Grands Singes*, 1 vol. in-32, 0 fr. 60 ; *l'Origine du langage*, 1 vol. in-32, 0 fr. 60.

Dès que l'homme acquiert sa forme suprasimienne, on trouve ses ossements et les débris de son industrie. C'est l'étude de ces ossements qui fait en partie l'objet des travaux de *Broca*, *Quatrefages*, *Hamy*. C'est l'étude de ces objets qui a servi à fonder l'archéologie préhistorique dont Boucher de Perth est le créateur. Parmi ceux qui ont le plus contribué aux progrès de cette science, il faut citer les *Mortillet* qui, dans leur *Musée préhistorique*, en réunirent et en classèrent les documents les plus importants. On peut citer aussi, parmi les travaux sur l'ancienneté de l'homme dont certains donnèrent lieu à de vives polémiques, ceux de *Mortillet* père, *Hamy*, *S. Lyell*, *Vanden Berghe*, *S. J. Lubbock*, *de Baye*, *Chabas*, *Lefèvre*, *Cartailhac*, etc. Nous sommes loin du temps où les historiens les plus hardis faisaient remonter à 6.000 ans l'existence du monde. Il est acquis présentement que les premiers débris de l'industrie humaine se rapportent à des terrains dont le dépôt ne date pas moins de cent mille années.

DE BAYE, *l'Archéologie préhistorique*, 1 vol. in-16, fig., 2 fr. — B. DE BEAUBOURG, *Quatre lettres sur le Mexique préhistorique*, 1 vol. in-8, 25 fr. — BROCA, *Mémoires d'anthropologie*, 5 vol. in-8, fig., 46 fr. 50. — E. BURNOUF, *Temps préhistoriques et Grèce*, 1 vol. in-8, pl., 7 fr. 50. — CARTAILHAC, *Matériaux pour l'histoire primitive et naturelle de l'Homme*, 22 vol. in-8, fig. et pl., 500 fr. (rare). — E. CHANTRE, *Recherches anthropologiques dans le Caucase*, 4 vol. gr. in-4 et atl., 300 fr. — GERVAIS, *Ancienneté de l'homme*, 1 vol. in-4, 28 fr. — HAMY, *Paléontologie humaine*, 1 vol. in-8, fig., 7 fr. — JOLY, *l'Homme avant les métaux* (épuisé récemment). — V. LEPIC, *Grottes de Savigny*, 1 vol. gr. in-4, pl., 9 fr. — S. LYELL, *Ancienneté de l'homme*, 1 vol. in-8, fig. et pl., 9 fr. — O. MONTELIUS, *les Temps préhistoriques en Suède*, 1 vol. in-8, pl., 10 fr. — MOREL, *Préhension des outils en pierre des époques préhistoriques*, 1 vol. gr. in-8, fig. et pl., 25 fr. — J. DE MORGAN, *l'Age de la pierre et des métaux en Égypte*, 1 vol. in-8, fig. et pl. col., 20 fr. ; *Ethnographie préhistorique d'Égypte*, 1 vol. in-8, fig. et pl., 25 fr. ; *les Premiers âges des métaux dans l'Arménie Russe*, 1 vol. gr. in-8, fig. et pl., 12 fr. 50 ; *Recherches sur les origines des peuples du Caucase*, 1 vol. p. in-8, fig. et pl., 12 fr. 50. — G. DE MORTILLET, *le Préhistorique*, 1 vol. in-12, fig., 8 fr. ; rel., 9 fr. — G. et A. DE MORTILLET, *Musée préhistorique*, album, gr. in-16, pl., 12 fr. — NILSSON, *les Habitants primitifs de la Scandinavie*, 1 vol. in-8, pl., 12 fr. — DE PANIAGUA, *les Temps héroïques*, 1 vol. in-8, 12 fr. — PERRIER DU

Carne, *la Grotte de Teyjat*, 1 broch. gr. in-8 (épuisé récemment). — A. de Quatrefages, *Hommes fossiles et sauvages*, 1 vol. gr. in-8, fig., 15 fr. — Salmon, *les Races humaines préhistoriques* (épuisé récemment). — Tylor, *la Civilisation primitive*, 2 vol. in-8, 20 fr.

DE 3 A 6 FRANCS LE VOLUME

Aveneau de la Grancière, *les Parures préhistoriques*, 1 vol. in-8, pl. col. . . . . 3 fr. 50

Baudouin et Lacouloumère, *les Mégalithes de Brétignolles*, 1 vol. in-8, fig. et pl. . . . . 3 fr. 50

Broca, *Sur la trépanation du crâne et les amulettes craniennes à l'époque néolithique*, 1 vol. in-8, fig. 3 fr. 50

Caix de Saint-Aymour, *Monuments mégalithiques de l'Oise*, 1 vol. in-8, fig. et pl . . . . 5 fr. »

Cartailhac, *La France préhistorique*, 1 vol. in-18, fig. . . . . 6 fr. »

— *Les Ages préhistoriques de l'Espagne* (épuisé récemment).

A. Falsan, *la Période glaciaire*, 1 vol. in-8 (épuisé récemment).

C. de Fondouce, *les Derniers temps de l'âge de la pierre, dans l'Aveyron*, 1 vol. in-8, pl . . . . . 4 fr. »

Grosse, *les Débuts de l'art*, 1 vol. in-8., fig. et pl . . . . . . 6 fr. »

Jacquinot, *l'Epoque paléolithique dans la Nièvre*, 1 vol. in-8., pl. 5 fr. »

A. Lefèvre, *l'Homme à travers les âges*, 1 vol. in-12 . . . . 3 fr. 50

S.-J. Lubbock, *l'Homme préhistorique*, 2 vol. in-8, fig. . . . . 12 fr. »

A. de Paniagua, *les Sanctuaires de Karnak et de Lockmariaker*, 1 vol. in-8 . . . . 3 fr. »

— *Le Peuple des dolmens*, 1 vol. in-8 3 fr. »

E. d'Acy, *la Grotte des Hoteaux*, 1 vol. in-8, 1 fr. — Baudouin et Lacouloumère, *l'Epoque du bronze dans la Vendée*, 1 broch. in-8, 2 fr. 50. — Breuil (l'abbé), *Cachette de Choussy*, 1 vol. in-8, fig., 0 fr. 75. — Capellini, *Traces de l'homme pliocène en Toscane*, 1 vol. in-8, pl., 1 fr. 25. — Du Chatellier, *Tumulus de Kerlan en Goulien*, 1 vol. in-8, 1 fr. 25. — Hamy, *Ossements humains du pliocène inférieur de Savone*, broch. in-8, 0 fr. 50 ; *Note sur les figures et les inscriptions gravées sur la roche d'El-Hadj-Mimoun*, broch. in-8, 1 fr. — M. Hardy, *Station quaternaire de Raymondan*, in-8, pl., 2 fr. 50. — Jérome, *Époque néolithique en Thrace*, 1 vol. in-8, fig. 1 fr., 50. — E. Le Blant, *Pointe de lance en silex du Danemark*, 1 vol. in-8, fig., 1 fr. — Lièvre, *les Temps préhistoriques dans l'Ouest*, in-8, 1 fr. 50. — A. Martin, *Tumulus et Dolmen à chambre circulaire*, 1 vol. in-8, 1 fr. 25. — G. de Mortillet, *les Études préhistoriques devant l'orthodoxie*, in-8, 0 fr. 50 ; *Origine du bronze*, in-8, pl., 1 fr. 50. — Pothier, *les Tumulus de Tilghemt*, in-8, 1 fr. 50. — Quatrefages et Hamy, *Têtes osseuses des races humaines fossiles et actuelles*, in-4, 0 fr. 50. — Rivière, *l'Age de la pierre*, 1 vol. in-18, fig. et pl., 2 fr. — C. Royer, *les Rites funéraires aux époques préhistoriques*, gr. in-8, 1 fr. 50. — Salmon, *l'Ichtyophagie et la pêche préhistoriques*, broch. in-8, 1 fr. — Van den Berghe, *l'Homme avant l'histoire*, broch. in-8, 1 fr. 50. — Zaborowsky, *l'Homme préhistorique*, 1 vol. in-32, 0 fr. 60.

Comme complément aux études préhistoriques, il est indispensable de noter l'étude des peuples primitifs au point de vue des mœurs, des origines, de l'anthropologie, car ces études comparées s'éclairent lumineusement les unes les autres et peuvent servir aux reconstitutions nécessaires tant à la préhistoire des races civilisées qu'à l'histoire des peuples primitifs.

DENIKER, *les Races et les peuples de la Terre*, 1 vol. in-12, fig. et pl., 12 fr. 50. — HOVELACQUE, *les Nègres de l'Afrique sus-équatoriale*, 1 vol. in-8, fig., 8 fr. — DE KHANIKOFF, *Mémoire sur l'ethnographie de la Perse*, 1 vol. in-4, pl., 8 fr. — LESSON, *les Polynésiens*, 4 vol. in-8, cartes, 60 fr. — W.-F. LOPEZ, *les Races aryennes du Pérou*, 1 vol. in-8, 10 fr. — DE QUATREFAGES, *Hommes fossiles et sauvages*, 1 vol. in-8, fig., 15 fr. — LUCIEN DE ROSNY, *Recherches ethnographiques sur les Serments*, 1 vol. in-8, 12 fr. 50. — J. SMIRNOW, *les Populations finnoises de la Volga*, 1 vol. in-8, 15 fr. — UJFALVY, *Expédition française en Russie, Sibérie et Turkestan*, 3 vol. et 2 alb. in-8, pl., 50 fr.

DE 3 A 6 FRANCS LE VOLUME

H. D'ALMBRAS, *le Mariage chez tous les peuples*, 1 vol. in-16, fig. 3 fr. 50

CORRE, *l'Ethnographie criminelle*, 1 vol., in-12, 5 fr.; rel. . 5 fr. 75

HAMY, *Etudes ethnographiques et archéologiques*, 1 vol. in-8 . 3 fr. 50

A. HOVELACQUE, *la Linguistique*, 1 vol. in-12, 4 fr. 50; rel. . . . 5 fr. »

— *Mélanges de Linguistique et d'anthropologie*, 1 vol. in-18 . 4 fr. »

S.-J. LUBBOCK, *l'Homme préhistorique*, 2 vol. in-8 . . . . . . 12 fr. »

PETITOT, *Monographie des Déné-Dindjié*, 1 vol. in-8 . . . 5 fr. »

PETITOT, *Monographie des Esquimaux Tchiglit*, 1 vol. in-8., fig. 4 fr. »

QUATREFAGES, *Etudes sur la distribution géographique des Negritos*, 1 vol. in-8, fig. . . . . . 3 fr. 50

E. RECLUS, *les Primitifs*, 1 vol. in-18 4 fr. »

RENAN, *De l'Origine du langage*, 1 vol. in-8 . . . . 6 fr. »

SCHNEIDER, *les Pélasges et leurs descendants*, 1 vol. in-18., pl . 5 fr. »

UJFALVY, *Résultats anthropologiques d'un voyage en Asie centrale*, 1 vol. in-8 . . . . 3 fr. 50

AVENEAU DE LA GRANCIÈRE, *Affinités entre les porteurs de colliers talismans*, in-8, 1 fr. — BÉRENGER-FÉRAUD, *les Ouolofs*, in-8, 1 fr. 25 : *les Peuls de Sénégambie*, in-8, 1 fr. — DUHOUSSET, *Races humaines de la Perse*, in-8, 1 fr. — FINSCH, *Parures et tatouages des Papouas*, in-8, fig., 2 fr. 50. — J.-G. FRAZER, *le Totémisme*, 1 vol. in-12, 2 fr. 50. — GIRARD DE RIALLE, *de l'Anthropophagie*, in-8, 2 fr. — GLAUMONT, *Ethnogénie des insulaires de Kunié (île des Pins)*, in-8, 1 fr. 25 ; *Usages et coutumes des Néo-Calédoniens*, in-8, 2 fr. 50. — GRANDIDIER, *Rites funéraires chez les Malgaches*, in-8, 1 fr. — GUIRAL, *les Batékés* (Afrique orientale), in-8, fig., 1 fr. 50. — HYADES, *Chasse et pêche chez les Fuégiens*, in-8, fig., 2 fr. — A. LECLÈRE, *les Pnongs de l'Indo-Chine*, in-8, 2 fr. — MORICE, *Pathologie des indigènes de la Basse-Cochinchine*, in-8, 1 fr. 50. — RABOT, *Ostiaques, Samoyèdes, Ziriènes*, in-8, 2 fr. — C. ROYER, *le Feu chez les peuplades primitives*, in-8, 1 fr. 50. — TOUTAIN, *Ethnologie des peuples du Sénégal*, in-8, 2 fr. 50. — TISSOT, *les Peuples blonds de l'Afrique septentrionale*, 1 vol. in-8, fig. et carte, 2 fr. 50. — E. VERRIER, *Ethnographie des Provençaux*, in-8, 1 fr.

De même que l'étude de l'homme dans la vie des êtres organisés, dans l'homme et les animaux l'étude des fonctions sensitives et des fonctions de l'intelligence mérite une place spéciale :

ANATOMIE DU SYSTÈME NERVEUX

J. Chatin, *les Organes des sens dans la série animale*, 1 vol. in-8, fig., 12 fr. — Leuret et Gratiolet, *Anatomie comparée du système nerveux*, 2 vol. in-8, atl., fig. noir, 48 fr.; col., 96 fr.

DE 3 A 6 FRANCS LE VOLUME

Charlton-Bastian, *le Cerveau*, 2 vol. in-8, fig . . . . 12 fr. »

Cajal, *les Nouvelles idées sur la structure du système nerveux* (épuisé récemment).

Luys, *le Cerveau et ses fonctions*, 1 vol. in-8, fig . . . . 6 fr. »

L. Ranvier, *Histologie du système nerveux*, 2 vol. gr. in-8, pl. col. 10 fr. »

C. Richet, *Structure des circonvolutions cérébrales*, 1 vol. in-8. 5 fr. »

Vulpian, *Leçons sur l'appareil vasomoteur* (épuisé récemment).

Vignal, *Développement des éléments du système cérébro-spinal*, 1 vol. in-8, fig. et pl. . . . . 6 fr. »

E. Toulouse, *le Cerveau*, 1 vol. in-18, fig., 2 fr. 50.

C'est de l'étude du cerveau et du système nerveux que peut se déduire une conception rationnelle de la nature de l'âme et de l'activité cérébrale:

PSYCHOLOGIE SCIENTIFIQUE

PRÉCURSEURS PHILOSOPHIQUES

Au contraire des plus anciens philosophes indous qui niaient la réalité de la sensation, par des déductions contemplatives, ou de *Platon* qui faisait dériver la sensation de l'idée, en pur métaphysicien, tous les expérimentateurs, y compris *Aristote*, ont considéré la sensation comme la source de l'idée et reconnu l'intime liaison du physique avec le moral. C'est cette croyance que l'on retrouve dès la Renaissance, dans Campanella, un précurseur de *Condillac*, dans *Bacon*, le créateur de la méthode expérimentale, dans *Locke* qui considère l'intelligence comme une table rase attendant que la sensation vienne y écrire quelque chose, et enfin dans *Condillac*, qui résume ces derniers, en les simplifiant et en considérant l'entendement comme la simple faculté de percevoir la sensation. On peut classer *Condillac*, et après lui, *Helvétius*, *d'Holbach*, *La Met-*

trie et le matérialiste *Cabanis*, parmi les précurseurs de la psychologie scientifique, parce que, sans avoir porté le scalpel dans le cerveau aussi profondément que les contemporains, leur méthode fut celle de l'observation rationnelle.

PRÉCURSEURS SCIENTIFIQUES

La fin du dix-huitième siècle, d'ailleurs, avec *Pinel* et *Esquirol* qui, par leur profession même, furent obligés à l'étude de la psychiâtrie (science des maladies de l'âme) et qui écrivirent sur l'aliénation et la manie des livres encore appréciés de nos jours, ouvrit la voie à la psychologie expérimentale.

XIXe SIÈCLE

Déjà Prost, au commencement du siècle, écrivait spécialement sur la sensibilité et sur la folie. Rapidement, dans cette branche d'observation nouvelle, la science tendit à déborder la philosophie pure et à jeter sa clarté féconde sur le mystère de l'âme. *Claude Bernard* publia son *Introduction à l'étude de la médecine.* Toute une génération nouvelle, passionnée de vérité, se leva. Certains de ses travaux resteront à jamais célèbres. Ceux de *Charcot*, *Vulpian*, *Azam*, *Landouzy*, etc., sur l'hypnotisme, l'hystérie, ce qu'on pourrait appeler à juste titre l'irresponsabilité nerveuse, ont éclairé d'un jour nouveau la question du libre arbitre. *A. Lemoine*, *Lelut*, *Moreau de Tours*, *Lombroso*, etc., ont étudié l'aliénation et ses rapports avec l'enfance, le génie, l'hérédité. Les fonctions du cerveau, le mécanisme de l'âme sont interprétés dans *Bastian*, *Luys*, *Saisset*, *Janet*, *Ribot*, *Letourneau*, *Maudsley*, *Nicati*, *Binet*, etc. ; d'autres comme *Darwin*, *Buchner*, *Romanes*, etc., ont écrit sur l'évolution mentale des animaux. Il est impossible de citer en particulier tous les noms remarquables qui ont aidé aux progrès de la psychologie scientifique à des points de vue différents. Cette branche de nos connaissances, presque ignorée des siècles anciens, est une des études les plus troublantes de la philosophie scientifique.

AZAM, *Hypnotisme et double conscience*, 1 vol. in-8, 9 fr. — BINET *la Fatigue intellectuelle*, 1 vol. in-8, 8 fr. ; *la Suggestibilité*, 1 vol. in-8, 12 fr. — BRÉAL, *Essai de sémantique*, 1 vol. in-8, 7 fr. 50. — BUCHNER, *la Vie psychique des bêtes*, 1 vol. in-8, fig., 7 fr.; rel., 9 fr. — CHARCOT, *Clinique du système nerveux* (à éditer prochainement) ; *Leçons du mardi à la Salpêtrière* (à éditer prochainement). — R. CLAY, *l'Alternative*, 1 vol. in-8, 10 fr. — DARWIN, *l'Expression des émotions chez l'homme et les animaux*, 1 vol. in-8, fig. et pl., 10 fr. — G. DEMENY, *Mécanisme et éducation des mouvements*, 1 vol. in-8, fig., 9 fr. — DUMAS, *la Tristesse et la Joie*, 1 vol. in-8, 7 fr. 50. — A. FOUILLÉE, *la Liberté et le Déterminisme*, 1 vol. in-8, 7 fr. 50. — A. GUÉNON, *l'Ame du cheval*, 1 vol. gr. in-8, fig. et pl., 10 fr. — P. JANET, *l'Automatisme psychologique*, 1 vol. in-8, 7 fr. 50. — JOLY, *l'Instinct* (documentaire), 1 vol. in-8, 7 fr. 50. — LANDOUZY, *Traité de l'hystérie*, 1 vol. in-8, 7 fr. — LOMBROSO, *l'Homme de génie*, 1 vol. in-8, fig. et pl., 12 fr. — MAUDSLEY, *Physiologie de l'esprit*, 1 vol. in-8, 10 fr. — M. NORDAU, *Dégénérescence*, 2 vol. in-8, 10 fr. — ROMANES, *l'Évolution mentale chez les animaux*, 1 vol. in-8, fig., 8 fr. ; *l'Évolution mentale chez l'homme*, 1 vol. in-8, 7 fr. 50. — SOLLIER, *Genèse et nature de l'hystérie*, 2 vol. in-8, 20 fr. — VULPIAN (Clinique de la Charité), *Maladies du système nerveux*, 1 vol. in-8, 14 fr. — WUNDT, *Éléments de psychologie physiologique*, 2 vol. in-8, fig., 20 fr. — YUNG, *Hypnotisme et Spiritisme* (récemment épuisé).

DE 3 A 6 FRANCS LE VOLUME

BAIN, *l'Esprit et le Corps*, 1 vol. in-8 6 fr. »

CHARLTON BASTIAN, *le Cerveau, organe de la pensée chez l'homme et l'animal*, 2 vol. in-8, fig. . . . . . 12 fr. »

BERGSON, *Matière et Mémoire*, 1 vol. in-8 . . . . 5 fr. »

A. BINET, *la Psychologie du raisonnement*, 1 vol. in-12. . . . . . 2 fr. 50

— *L'Etude expérimentale de l'intelligence*, 1 vol. in-8 . . . . 6 fr. »

BOURRU et BUROT, *les Variations de la personnalité*, 1 vol. in-16, fig. 3 fr. 50

DUMONT, *Théorie scientifique de la sensibilité*, 1 vol. in-8. . . . 6 fr. »

FOVEAU DE COURMELLES, *Facultés mentales des animaux*, 1 vol., fig. 3 fr. 50

HACHET-SOUPLET, *Examen psychologique des animaux*, 1 vol. in-12. 3 fr. 50

HIRTH, *la Vue plastique, fonction de l'écorce cérébrale*, 1 vol. in-8, fig. et pl. 5 fr. ; rel. . . . . 7 fr. »

HOVELACQUE, *la Linguistique*, 1 vol. in-12, 4 fr. 50 ; rel. . . . 5 fr. »

ICARD, *la Femme pendant la période menstruelle*, 1 vol. in-8. . 6 fr. »

G. LEBON, *Psychologie des foules*, 1 vol. in-8 (documentaire). . . 6 fr. »

LELUT, *le Génie, la Raison, la Folie*, 1 vol. in-16. . . . . 3 fr. 50

LEMOINE, *l'Aliéné*, 1 vol. . . 3 fr. 50

LETOURNEAU, *Psychologie ethnique*, 1 vol. in-12, 6 fr. ; rel. . . 6 fr. 75

LUYS, *le Cerveau*, 1 vol. in-8, fig. 6 fr. »

MALAPERT, *les Eléments du caractère*, 1 vol. in-8. . . . . . . 5 fr. »

A. MARRO, *la Puberté chez l'homme et chez la femme*, 1 vol. in-8, fig. et pl. 10 fr. »

A. MAURY, *le Sommeil et les Rêves*, 1 vol. in-12 . . . . 3 fr. 50

J. MAXWELL, *les Phénomènes psychiques*, 1 vol. in-8. . . . . . 5 fr. »

Moreau de Tours, *la Folie chez les enfants*, 1 vol. in-16. . . . 3 fr. 50

Nicati, *la Psychologie naturelle*, 1 vol. in-12, 5 fr.; rel. . . . . 5 fr. 75

J. Pioger, *la Vie et la Pensée*, 1 vol. in-8 . . . . 5 fr. »

Regnault, *Hypnotisme, Religion*, 1 vol. in-12, fig. . . . . . . 3 fr. 50

C. Richet, *Psychologie générale*, 1 vol. in-12 . . . . 2 fr. 50

Saisset, *l'Ame et la Vie*, 1 vol. in-12 2 fr. 50

I. Setchenoff, *Études psychologiques*, 1 vol. in-8. . . . . . . 5 fr. »

Sollier, *le Problème de la mémoire*, 1 vol. in-8. . . . . . . 3 fr. 75

J. Sully, *les Illusions des sens et de l'esprit*, 1 vol. in-8. . . . 6 fr. »

Wetterstrand, *l'Hypnotisme et ses applications*, 1 vol. in-18 . 3 fr. »

Courtade, *l'Irritabilité dans la série animale*, 1 vol. in-8, 2 fr. — G. Danville, *Psychologie de l'amour*, 1 vol. in-18, 2 fr. 50. — Espinas, *Philosophie expérimentale en Italie*, 1 vol. in-12, 2 fr. 50. — Dr E. Gley, *Études de psychologie*, 1 vol. in-8, 5 fr.; — L. Michel, *Libre arbitre et liberté*, 1 vol. in-12, 2 fr. 50. — P. Regnaud, *l'Origine des idées éclaircie par le langage*, in-12, 1 fr. 50. — Th. Ribot, *Maladies de la personnalité*, 1 vol. in-12, 2 fr. 50; *Maladies de la mémoire*, 1 vol. in-12, 2 fr. 50; *Maladies de la volonté*, 1 vol. in-12, 2 fr. 50. — C. Richet, *Psychologie générale*, 1 vol. in-12, 2 fr. 50. — Saisset, *l'Ame et la Vie*, 1 vol. in-12, 2 fr. 50. — Séglas, *le Délire des négations*, 1 vol. petit in-8, 2 fr. 50. — E. Toulouse, *le Cerveau*, 1 vol. in-18, fig., 2 fr. 50.

ŒUVRES HISTORIQUES DE LA PENSÉE

Quelle que soit l'aridité de certaines branches des études précédentes, une connaissance suffisante et tout au moins synthétique des principales sciences est, à notre époque, et deviendra de plus en plus indispensable à la compréhension de ce qu'on pourrait appeler les *Œuvres historiques de la pensée*. Il y a, en celles-ci, en effet, une partie forme (littéraire ou esthétique) dont le jugement est indépendant des connaissances rationnelles et là où est le génie, la science est souvent devancée ; mais il y a aussi une partie fondamentale dont la beauté de la forme même peut cacher le néant et dont il est nécessaire de pouvoir apprécier la valeur par des études scientifiques, indépendantes de la forme, particulièrement en ce qui touche la philosophie et l'histoire proprement dite. Les œuvres historiques de la pensée peuvent se diviser en trois grandes branches :

Les ŒUVRES PHILOSOPHIQUES qui se rattachent à la partie des études précédentes que nous avons énumérées sous les titres *Conception du monde, de la vie, de l'homme, psychologie scientifique.*

Les ŒUVRES HISTORIQUES proprement dites, qui par l'étude des civilisations primitives sont pour ainsi dire la continuation de la partie des études précédentes que nous avons énumérées *Genèse du monde, de la vie, de l'espèce humaine*, puisque cette dernière n'est en somme que la préhistoire de l'homme.

Les ŒUVRES LITTÉRAIRES ET ARTISTIQUES dans lesquelles, contrairement aux deux séries précédentes, la forme prend une importance plus considérable que le fond et qui touchent à tous les sujets.

4

ŒUVRES PHILOSOPHIQUES

1° Philosophie générale

ANTIQUITÉ

Aristote affirme que les plus anciennes notions philosophiques viennent des gymnosophistes de l'Inde, des mages de la Chaldée et des druides d'Occident. Malheureusement, des œuvres philosophiques de la pensée antique, nous ne connaissons les parties les plus rationnelles que par des citations. Les études des orientalistes ont fait revivre quelques fragments des civilisations primitives. De l'antiquité grecque, un des plus anciens auteurs dont nous possédions les écrits est *Platon* qui vécut cinq siècles avant Jésus-Christ. Il rend la sensation dépendante des idées et les idées pour lui viennent de Dieu, principe actif qui meut la matière passive. Le monde n'est pas une machine, c'est un être. Le but de l'homme, c'est le bien, imitation de Dieu. Le beau, c'est l'expression de l'idée. L'antiquité spiritualiste se résume encore dans *Socrate*, pur moraliste comme Confucius et Jésus. Chez *Socrate*, pas de système du monde. La science n'a de prix que parce qu'elle rend meilleur. Le bien, c'est la justice. Les œuvres d'*Aristote* sont intermédiaires entre le matérialisme et le spiritualisme idéologique. Les idées viennent de la sensation; mais l'organisation résulte de l'activité. Le monde est une machine, Dieu, son mécanicien, tous les deux éternels. Le bonheur est le but. La morale, c'est l'utilité publique. Le beau, c'est le vrai. Le véritable matérialisme de Démocrite et d'Épicure a sa synthèse dans le joli poème scientifique de Lucrèce (95 av. J.-C.). Dieu n'est pas. Le monde éternel est composé d'atomes qui se meuvent dans le vide. Le plaisir vertueux est le but. Avec *Philon*, *Plotin*, *Proclus*, fondateurs de l'école néo-platonicienne d'Alexandrie, revivent sous une forme mystique les tendances d'une des plus vieilles philosophies du monde : celle de l'école indoue vedanta pour qui la substance universelle est l'indétermination même. L'âme du monde pense et les âmes particulières sont les pensées de l'âme du monde, etc., etc. Ainsi se retrouvent dans l'antiquité, comme de nos jours, sous des formes plus ou moins mystiques, les trois grandes tendances de la philosophie.

Fragments orientaux :

Égypte :

Le scribe Agni, *Maximes* (trad. Chabas), 2 vol. in-4, 50 fr.

Hébreux :

Salomon, *l'Ecclésiaste* (trad. Renan), 1 vol. in-8, 5 fr.

Chine :

Lao-Tseu, *le Tao te King* (trad. S. Julian), 1 vol. in-8, 20 fr.

Antiquité gréco-romaine :

École spiritualiste :

Socrate, *Œuvres* (récemment épuisé). — Platon, *Œuvres*, 1 vol. in-8, 7 fr. 50. — Sénèque le philosophe, *Œuvres*, 4 vol. in-18, 12 fr.

École syncrétiste :

Plotin, *Ennéades* (épuisé récemment). — Philon, *Deux traités* (trad. orientaliste), 1 vol. in-4, pl. 16 fr. — Proclus, *Œuvres* (épuisé récemment).

École matérialiste :

Aristote, *Œuvres*, 6 vol. in-8, 56 fr. — Lucrèce, *De la Nature*, 1 vol. rel., 5 fr. — Marc-Aurèle, *Pensées*, 1 vol., 3 fr. 50 ; rel., 5 fr. — Epictète, *Maximes*, 1 vol. in-32, 0 fr. 25 ; rel., 0 fr. 45.

MOYEN AGE

On peut considérer l'école néo-platonicienne comme décadente du spiritualisme grec. L'école scolastique du moyen âge exagère encore son mysticisme et, se recommandant d'*Aristote* qu'elle n'a jamais compris, se perd dans les subtilités rhétorico-théologiques. A cette époque, le spiritualisme se synthétise dans *Saint Thomas d'Aquin* dont la *Somme théologique* est un essai encyclopédique où il s'efforce d'étayer le dogme chrétien sur une base scientifique. La métaphysique de l'indétermination, le syncrétisme, est représenté par Scot Erigène qui l'accompagne d'imaginatif religieux. Quelques rares esprits d'indépendance sont seuls à ne pas participer à ce dévergondage métaphysique. *Roger Bacon*, entre autres, comme plus tard son homonyme *François Bacon*, proclame l'observation seule base sérieuse de la philosophie et peut être considéré comme représentant le mieux les tendances matérialistes, dans cette époque d'illuminisme et de barbarie.

École spiritualiste :

Saint Thomas d'Aquin, *Somme théologique* (documentaire).

École syncrétiste :

Scot Erigène, *De la division de la nature* (documentaire).

École matérialiste :

Roger Bacon, *Lettre sur la magie* (à éditer). — Maimonide, *le Guide des égarés* (récemment épuisé).

RENAISSANCE

C'est la Renaissance. Sur les ruines de la scolastique, les érudits cherchent à rendre la vie aux conceptions de l'antiquité qu'ils n'arrivent pas à comprendre, en France, tout au moins, car ailleurs Telesio édifie un système philosophique d'une haute conception. Campanella, Giordano Bruno sont en avance de plusieurs siècles sur leurs contemporains. Une heure vient où l'on doute et de la théologie et de la philosophie. Une certaine forme de scepticisme s'accuse dans l'esprit de la génération et de cet état d'esprit, chez nous, les œuvres de *Montaigne* et de *Charron* sont l'expression la plus heureuse. C'est à ce moment qu'apparut *François Bacon*, qui rénova la philosophie en lui donnant pour base la méthode expérimentale au lieu de la métaphysique déductive. L'importance de son œuvre sur les époques suivantes est énorme. C'est une ère nouvelle. Le mysticisme a reçu le coup mortel et son agonie durera trois siècles.

DE 3 A 6 FRANCS LE VOLUME

Charron, *De la Sagesse* (récemment épuisé). | Montaigne, *Essais*, 1 vol., 3 fr. 50 ; rel. . . . . 5 fr. »

François Bacon, *Extraits du Nuovum Organum* (trad. Burnouf), broch. in-12, 0 fr. 90. — Erasme, *Eloge de la folie*, 1 vol., 0 fr. 60 ; rel., 1 fr.

XVIIe SIÈCLE

A ce moment, trois grands cerveaux apparurent : Hobbes, en Angleterre ; en France, Gassendi et *Descartes*. En morale, Hobbes nie ce qu'on appelle devoir, conscience, etc. La loi de l'homme est sa conservation. Ce philosophe entrevoit l'importance transformatrice de cette lutte pour la vie, dont plus tard son compatriote *Darwin* fera le mobile de sa sélection naturelle. Malheureusement, en sociologie, Hobbes fit aboutir sa doctrine à la glorification du despotisme. Avec Gassendi, revit sous une forme théiste l'hypothèse des atomes dans le vide des anciens athées, théorie qu'adoptera Newton dans le même sens que Gassendi. *Descartes*, lui, proclame que nous ne devons croire que ce qui est démontré, nie le rôle principal des sens sujets aux illusions et donne ce rôle aux idées innées : « Je pense ; donc, je suis. » L'esprit *nulle part* gouverne la matière *partout*. C'est un mélange de haute raison et d'erreur que l'illuminisme des *Pascal* et des Nicole fera tomber en discrédit. En Angleterre, *Locke* donne la sensation comme source aux idées, mais imagine un sens interne pour expliquer celles de l'entendement supérieur. Il semble que l'esprit humain ne puisse se résoudre à rompre avec le passé. Au point de vue cosmogonique, *Spinoza* conçoit l'univers plein d'une substance indéterminée à la fois matière, mouvement, force, pensée. Dieu est le monde. Dieu est éternel. A son tour, *Leibnitz*, se rendant compte que l'esprit *nulle part* de *Descartes* ne saurait agir sur la matière, conçoit l'univers formé d'êtres simples ou monades qui se meuvent sans action réciproque, en vertu d'une harmonie préétablie. Mais le dix-huitième siècle est proche, qui va saper l'ancien édifice, pour permettre de reconstruire après lui. Les liens d'un passé lourd qui enserre tant de grands esprits vont se dénouer peu à peu.

XVIIIe SIÈCLE

Depuis des siècles, l'intolérance religieuse entrave le développement de la pensée. Pour ceux qui viennent, il s'agit moins d'édifier que de détruire. A cet égard, l'œuvre de *Voltaire* et celle de *Rousseau* sont la réfutation complète des erreurs des dogmes révélés, auxquels, l'un et l'autre, déistes, substituent une religion naturelle fondée sur la raison. C'est une lutte sourde qui commence entre l'église et la philosophie. De cet esprit, on retrouve la trace jusque dans les écrits modérés de *Montesquieu* et même... de *Buffon*. Mais tous ceux-ci, au fond, restent encore de profonds croyants. *D'Holbach* et *La Mettrie* nient Dieu et considèrent les doctrines religieuses comme autant de superstitions enfantées par l'ignorance. L'homme est une machine, l'âme, le résultat d'une organisation avec laquelle elle doit périr toute entière en tant qu'individualité : car, pour la matière elle-même, elle est éternelle et incréée. Les tendances diverses que nous venons d'analyser se retrouveront dans les travaux de l'*Encyclopédie*, auxquels collaboreront tous les penseurs du siècle et dont *Diderot*, moins déiste que *Rousseau* et moins athée que *La Mettrie*, sera l'âme véritable. La préface de ce monument par *d'Alembert* est un chef-d'œuvre. Au point de vue de la philosophie pure, *Condillac* accomplit une rénovation en rejetant l'hypothèse du sens interne de *Locke* et en ramenant toutes les idées à la sensation. Quant à la morale, elle se retrouve avec ses conceptions essentielles dans *Vauvenargues*, esprit religieux d'une certaine indépendance, avec *Rousseau* qui, dans son *Émile*, soutiendra ce paradoxe que l'homme naturellement bon n'est vicié que par son éducation contre nature, avec *Helvétius* qui recommencera Epicure, avec *Smith* dont les spéculations sentimentales seront celles de la sympathie naturelle et du besoin d'affection entre les hommes. *Condillac* eut pour disciple *Cabanis* qui consolida son système par des observations physiologiques; et *Helvétius* eut pour continuateurs *Volney*, *Bentham*, lequel ramena sa morale à une doctrine scientifique: celle de l'*intérêt bien entendu*. Enfin, le couronnement de cette œuvre merveilleuse du dix-huitième siècle fut un livre d'inspiration heureuse écrit au pied de l'échafaud: celui de *Condorcet*, pour qui le but de l'humanité toute entière est le Progrès constant dans l'espoir d'un avenir social toujours meilleur.

---

1 fr. 80. — J.-J. Rousseau, *Œuvres complètes*, 13 vol. in-16, 16 fr. 25. — *Emile*, 2 vol. in-16, 2 fr. 50. — Vauvenargues, *Œuvres choisies*, 1 vol. in-32, 0 fr. 25 ; rel., 0 fr. 45. — Voltaire, *Dictionnaire philosophique*, 2 vol. in-16, 6 fr. ; *Mélanges*, 8 vol. in-16, 10 fr.

XIXe SIÈCLE

Au début du dix-neuvième siècle, pendant qu'en Allemagne, *Kant* mettait en doute la puissance de la raison, que Fichte confondait l'univers entier dans le moi personnel, que *Schelling* édifiait son système de l'identité absolue, *Hegel*, sa doctrine du développement par le devenir, il se créa en France, avec *Cousin*, Royer-Collard, etc., une école éclectique dont les données sont du spiritualisme rationnel, le meilleur des doctrines spiritualistes du passé; mais qui n'en est pas moins un essai rétrograde pour l'époque de *Laplace*, de *Lamarck* et de *Condorcet*. A côté de celle-ci, l'école positiviste, avec *Auguste Comte*, reprit les doctrines de la tradition baconienne, et ces mélanges d'éclectisme et de rationalisme trouvèrent leur expression dans les œuvres d'écrivains de haut style comme *Edgar Quinet*. Les idées de *Comte* eurent la bonne fortune d'être adoptées par *Littré* qui, savant et aussi poète de la science, montra leur application à la sociologie ; mais, la seconde partie du dix-neuvième siècle est surtout celle de l'école matérialiste scientifique. On peut dire que l'influence des idées transformistes de *Lamarck*, *Darwin*, *Haeckel* a rénové la philosophie comme elle a rénové la science. Ceux-ci sont de purs savants et nous avons déjà commenté leurs œuvres dans nos notices scientifiques. Parmi les créateurs, nous citerons *Herbert Spencer* qui, dans ses *Premiers principes*, définit l'inconnaissable et développe sa conception de l'évolution, *Schopenhauer* qui considère le monde comme régi par la volonté qu'il identifie avec la force elle-même. Un philosophe indépendant se rapprochant de l'école positiviste, *Taine*, eut une grande influence sur sa génération. Parmi les chefs-d'œuvre de la littérature philosophique, les écrits de *Michelet*, *Renan*, *Tolstoï*, etc., ont fortement contribué à l'orientation de l'esprit contemporain que caractérise la fusion de plus en plus intime de l'esprit philosophique et de l'esprit scientifique dans la recherche expérimentale de la vérité.

Darwin, *la Descendance de l'homme*, 1 vol. in-8, 12 fr. 50. — Franck, *Dictionnaire des sciences philosophiques*, 1 vol. in-8, 35 fr.; rel., 40 fr. — J.-M. Guyau, *l'Irréligion de l'avenir*, 1 vol. in-8, 7 fr. 50 ; rel., 9 fr. 50. — J.-G. Frazer, *le Rameau d'or*, 3 vol. in-8, tome I (seul paru). 10 fr. — Pompeyo Gener, *la Mort et le diable*, 1 vol. in-8, 12 fr. — Haeckel, *les Enigmes de l'univers*, 1 vol. in-8, 10 fr. — Hegel, *Philosophie de la nature*, 3 vol. in-8, 25 fr.; *Philosophie de l'esprit*, 2 vol. in-8, 18 fr.; *Philosophie de la religion*, 2 vol. in-8, 20 fr. — MAX MULLER, *Origine et développement de la religion*, 1 vol. in-8, 7 fr. — RENAN, *Dialogues et fragments philosophiques*, 1 vol. in-8, 7 fr. 50; *l'Avenir de la science*, 1 vol. in-8, 7 fr. 50. — RENAN et BERTHELOT, *Correspondance*, 1 vol. in-8, 7 fr. 50. — SCHOPENHAUER, *le Monde comme volonté et comme représentation*, 3 vol. in-8, 22 fr. 50; rel., 28 fr. 50. — H. SPENCER, *les Premiers principes*, 1 vol. in-8, 10 fr. — STRAUSS, *l'Ancienne et la nouvelle foi*, 1 vol. in-8, 7 fr.

DE 3 A 6 FRANCS LE VOLUME

GOBLET D'ALVIELLA, *l'Idée de Dieu*, 1 vol. in-8 . . . . 6 fr. »

AMPÈRE, *Essai sur la philosophie des sciences*, 1 vol. in-8. . . 5 fr. »

A. D'ASSIER, *Essai de philosophie naturelle*, 2 vol. in-12. . . 6 fr. »

A. BAIN, *la Science de l'éducation*, 1 vol. in-8 . . . . 6 fr. »

J. BAISSAC, *l'Age de Dieu*, 1 vol. in-8 4 fr. »

BÉRAUD, *Étude sur l'idée de Dieu dans le spiritualisme moderne*, 1 vol. in-12. . . . . 4 fr. »

CARLYLE, *les Héros*, 1 vol. in-18. 3 fr. 50

A. COMTE, *Philosophie positiviste* (Voir *Littré*), 1 vol. in-16. . . 3 fr. 50

COUSIN, *Philosophie écossaise*, 1 vol. in-8. . . . . 5 fr. »

DRAPER, *les Conflits de la science et de la religion*, 1 vol. in-8 . . 6 fr. »

P. DUPUY, *la Question morale à la fin du dix-neuvième siècle*, 1 vol. in-8 6 fr. »

EMERSON, *les Surhumains* (épuisé récemment).

J. FINOT, *Philosophie de la longévité*, 1 vol. in-8. . . . . . . 5 fr. »

FOVEAU DE COURMELLE, *l'Esprit scientifique contemporain*, 1 vol. in-18 3 fr. 50; rel. . . . . . 5 fr. »

G. GAILLARD, *De l'Étude des phénomènes*, 1 vol. in-8. . . . . 5 fr. »

GIRARD DE RIALLE, *la Mythologie comparée*, 1 vol. in-12, 3 fr. 50; cart., 4 fr. »

DE GREEF, *Problèmes de la philosophie positive*, 1 vol. in-16 . 3 fr. »

J.-M. GUYAU, *Esquisse d'une morale sans obligations*. 1 vol. in-8, 5 fr.; rel. . . . . 7 fr. »

HELMHOLTZ et BRUCKE, *Principes scientifiques des Beaux-Arts*. 1 vol in-8, fig. . . . . 6 fr. »

A. HOVELACQUE, *la Linguistique*, 1 vol. in-12, 4 fr. 50; rel. . . . 5 fr. »

ISSAURAT, *la Pédagogie*. 1 vol. in-12, 5 fr.; rel. . . . . . . 5 fr. 75

KANT, *Critique de la raison pratique*, 1 vol. in-8 (documentaire). 6 fr. »

— *Eclaircissements sur la critique de la raison pure* (documentaire), 1 vol. in-8 . . . . 6 fr. »

LAMARCK, *la Philosophie zoologique*, 2 vol. in-8. . . . . . . 12 fr. »

A. LEFÈVRE, *la Religion*. 1 vol. in-12, 5 fr.; rel. . . . . . . 5 fr. 75

— *L'Histoire*. 1 vol. in-12, 5 fr.; rel. 5 fr. 75

LITTRÉ, *A. Comte et la philosophie positive* (Voir aussi Comte), 1 vol. in-16. . . . . 3 fr. 50

— *La Science au point de vue philosophique* (épuisé récemment).

H. MARION, *De la Solidarité morale*, 1 vol. in-8, 5 fr.; rel. . . 7 fr. »

MICHELET, *la Bible de l'humanité*, 1 vol. in-18. . . . . 3 fr. 50

POINCARÉ, *la Science et l'Hypothèse*, 1 vol. in-18. . . . . . . 3 fr. 50

E. QUINET, *Introduction à la philosophie de l'histoire*, 1 vol. in-16. 3 fr. 50

— *L'Esprit nouveau*, 1 vol. in-16. 3 fr. 50

E. RECLUS, *Étude sur l'évolution des religions* (épuisé récemment).

P. DE SAINT-LÉONARD, *les Fils de Dieu*, 1 vol. in-12. . . . . . 3 fr. »

SCHELLING, *Du Principe divin* (documentaire), 1 vol. in-8. . . 3 fr. 50

H. SPENCER, *les Bases de la morale évolutionniste*, 1 vol. in-8. 6 fr. »

STUART-MILL, *Essais sur la religion*, 1 vol. in-8, 5 fr.; rel. . . 7 fr. »

VÉRON, *l'Esthétique*. 1 vol. in-12, 4 fr. 50; rel . . . . . . 5 fr. »

— *La Morale*, 1 vol. in-12, 4 fr. 50; rel . . . . 5 fr. »

VIARDOT, *Libre examen* (épuisé récemment).

L. Brunschwig, *l'Idéalisme contemporain*, 1 vol. in-16, 2 fr. 50. — Coste, *Dieu et l'âme*, 1 vol. in-12, 2 fr. 50. — Dupuis, *Origine de tous les cultes*, 3 vol. in-32, 0 fr. 75 ; rel. en 2, 1 fr. 35. — Fournière, *Essai sur l'individualisme*, 1 vol. in-12, 2 fr. 50 ; rel., 4 fr. — T. Flournoy, *les Principes de la philosophie religieuse*, broch. in-8, 1 fr. — Haeckel, *les Enigmes de l'Univers* (édit. pop.), 1 vol. in-8 écu, 2 fr. — Hamon, *Déterminisme et responsabilité*, 1 vol. in-16, 2 fr. 50. — Le Dantec, *l'Individualité*, 1 vol. in-12, 2 fr. 50 ; rel., 4 fr. — G. Milhaud, *le Positivisme et le progrès de l'esprit*, 1 vol. in-12, 2 fr. 50. — Pichard, *Doctrine du réel*, 1 vol. in-12, 2 fr. — C. Royer, *l'Inconnaissable*, broch. in-8, 1 fr. — P. de Saint-Léonard, *les Fils de Dieu*, 1 vol. in-12, 2 fr. 50. — Schopenhauer, *le Fondement de la morale*, 1 vol. in-12, 2 fr. 50 ; *le Libre Arbitre*, 1 vol. in-12, 2 fr. 50 ; *Pensées et fragments*, 1 vol. in-12, 2 fr. 50. — Taine, *Philosophie de l'art*, 1 vol. in-16, 2 fr. 50. — Tolstoï, *Qu'est-ce que la religion?* broch. in-18, 1 fr.

La philosophie a eu également dans notre siècle des historiens et des commentateurs remarquables, dans les écrits desquels on peut suivre le développement des philosophies anciennes sans remonter directement aux sources. Nous leur ferons une place à part, en ne citant la plupart qu'à titre documentaire.

Adam, *Philosophie de François Bacon*, 1 vol. in-8, 7 fr. 50. — V. Basch, *Essai critique sur l'esthétique de Kant*, 1 vol. in-8, 10 fr. — Bénard, *la Philosophie ancienne, ses systèmes*, 1 vol. in-8, 9 fr. — Bordas-Desmoulins, *le Cartésianisme*, 1 vol. in-8, 8 fr. — Couturat, *la Logique de Leibnitz*, 1 vol. in-8, 12 fr. — Figard, *la Psychologie de Jean Fernel*, 1 vol. in-8, 7 fr. 50. — Franck, *Dictionnaire des sciences philosophiques*, 1 vol. in-8, 35 fr. — Gomperz, *la Philosophie antésocratique*, 1 vol. in-8, 10 fr. — M. Guyau, *la Morale d'Epicure*, 1 vol. in-8, 7 fr. 50. — A. Fouillée, *la Philosophie de Socrate*, 2 vol. in-8, 16 fr. — C. Levêque, *Philosophie grecque et latine*, 1 vol. in-8, 7 fr. — Lévy, *la Philosophie de Feuerbach*, 1 vol. in-8, 10 fr. — G. Lyon, *l'Idéalisme en Angleterre au XVIIIe siècle*, 1 vol. in-8, 7 fr. 50 ; rel., 9 fr. 50. — J. Matter, *Histoire de l'école d'Alexandrie*, 3 vol. in-8, 22 fr. 50. — Mauxion, *la Métaphysique de Herbart et la Critique de Kant*, 1 vol. in-8, 7 fr. 50. — Oldenberg, *le Boudha, sa vie, sa doctrine*, 1 vol. in-8, 7 fr. 50 ; rel., 9 fr. 50. — Picavet, *Histoire comparée des philosophies médiévales*, 1 vol. in-8, 7 fr. 50. — Renan, *Histoire des origines du christianisme*, 8 vol. in-8, 60 fr. — Strauss, *Voltaire*, 1 vol. in-8, 7 fr. — Tannery, *Pour la Science hellène*, 1 vol. in-8, 7 fr. 50.

DE 3 A 6 FRANCS LE VOLUME

Basch, *la Poétique de Schiller*, 1 vol. in-8 . . . . 4 fr. »

Delacroix, *le Mysticisme spéculatif en Allemagne au quatorzième siècle*, 1 vol. in-8 . . . . 5 fr. »

Duproix, *Kant et Fichte et le problème de l'éducation*, 1 vol. in-8. 5 fr. »

Droz, *le Scepticisme de Pascal*, 1 vol. in-8 . . . . 6 fr. »

Ferrières, *la Doctrine de Spinoza*, 1 vol. in-12 . . . . . . 3 fr.

Halévy, *la Théorie platonicienne des*

sciences, 1 vol. in-8. . . . 5 fr. »

Lafontaine. *le Plaisir d'après Platon et Aristote*, 1 vol. in-8 . . 6 fr. »

Lichtenberger. *Henri Heine, penseur*, 1 vol. in-8. . . . . . . 3 fr. 75

Littré, *Auguste Comte et la philosophie positiviste* (V. aussi Comte), 1 vol. in-16. . . . . 3 fr. 50

G. Lyon, *la Philosophie de Hobbes*, 1 vol. in-12, 2 fr. 50; rel. . 4 fr. »

G. Milhaud, *les Origines de la Science grecque*, 1 vol. in-8. . . . 5 fr. »

M. Muller, *Introduction à la philosophie vedanta*, 1 vol. in-18, ill. 3 fr. 50

Ogereau, *Système philosophique des stoïciens*, 1 vol. in-8. . . 5 fr. »

C. de Rémusat, *Histoire de la philosophie en Angleterre depuis Bacon jusqu'à Locke*, 2 vol. in-12 . . 7 fr. »

Renan, *Averroës et l'Averroïsme*, 1 vol. in-8 . . . . 7 fr. 50

E. Saigey, *Voltaire physicien*, 1 vol. in-8 . . . . 5 fr. »

B. Saint-Hilaire, *De la Logique d'Aristote*, 2 vol. in-8. . . . . 10 fr. »

Thomas, *la Philosophie de Gassendi*, 1 vol. in-8. . . . . . . 6 fr. »

Véra, *Introduction à la philosophie de Hégel*, 1 vol. in-8. . . . 6 fr. 50

Cresson, *la Morale de Kant*, 1 vol. in-12, 2 fr. 50. — Issaurat, *Diderot pédagogue*, broch. in-8, 1 fr. — De Lanessan, *la Morale des philosophes chinois*, 1 vol. in-12, 2 fr.; rel., 4 fr. — Lichtenberger, *la Philosophie de Nietzsche*, 1 vol. in-12, 2 fr. 50; rel. 4 fr. — De Rémusat, *Philosophie religieuse*, 1 vol. in-12, 2 fr. 50; rel., 4 fr. — Renan, *Judaïsme et Christianisme*, broch., 1 fr. — B. Saint-Hilaire, *François Bacon*, 1 vol. in-18, 2 fr. 50.

2° Œuvres philosophiques et Documents ayant un caractère gouvernemental, politique ou sociologique

ANTIQUITÉ

Parmi les œuvres philosophiques de la pensée, celles qui ont un caractère politique ou sociologique présentent un intérêt tout spécial, car elles sont l'application de la morale ou de la science à l'association humaine. Certaines touchent à l'histoire, comme, dans l'antiquité, les discours de l'Athénien *Isocrate* qui ne voulut pas survivre à l'asservissement de sa patrie, ceux de *Démosthène* en Grèce et de *Cicéron* à Rome; d'autres, comme le livre d'*Aristote*, étudient les rapports de la morale et de la politique. La *République* de *Platon* est une conception de gouvernement communiste; celle de *Cicéron*, une suite de considérations sur le gouvernement républicain. C'est à titre curieux que nous citons, à côté de ces œuvres d'écrivains célèbres, certaines publications qui ont un caractère documentaire comme les *lois de Manou* qui furent longtemps reconnues pour les plus vieilles du monde et la traduction *Maspero* de la carrière administrative de deux hauts fonctionnaires égyptiens, 4500 avant Jésus-Christ.

Égypte :

Carrière administrative de deux hauts fonctionnaires (4500 av. J.-C.), trad. Maspero, 1 vol. gr. in-8, 15 fr.

Inde :

MANOU, *Ses Lois* (trad. G. Strehly), 1 vol. in-8, 12 fr.

Hébreux :

Le Lévitique (dans la Bible) documentaire.

Antiquité gréco-romaine :

ISOCRATE (*Discours sur la Paix*) dans ses *Œuvres* (trad. de Clermont-Tonnerre), 3 vol. gr. in-8, 22 fr. 50.

DE 3 A 6 FRANCS LE VOLUME

ARISTOTE, *la Morale et la Politique*, 2 vol. in-8 (trad. Thurot) . 8 fr. »

CICÉRON, *la République* (trad. Villemain), 1 vol. in-12 . . . 3 fr. 50

DÉMOSTHÈNE, *Discours politiques* (trad. Poyard), 1 vol. in-18. . . 3 fr. »

PLATON, *La République*, 1 vol. broch., 3 fr. 50 ; rel. . . . . . . 5 fr. »

— *Les Lois*, 2 vol., 7 fr. ; rel. 10 fr. »

ARISTOTE, *la République athénienne* (trad. Reinach), 1 vol. in-16, 1 fr. 50. — CICÉRON, *Harangues au peuple et au Sénat*, 1 vol. in-32, 0 fr. 25; rel., 0 fr. 45.

MOYEN AGE ET RENAISSANCE

Durant le moyen âge, la religion tient lieu de gouvernement et la théologie de science politique. On retrouve des réveils de l'esprit d'indépendance dans les vieilles harangues prononcées aux États généraux et dont on rencontre des fragments dans nos historiens. A la Renaissance, en Italie, où le socialisme est en germe dans les écrits de Campanella, *Machiavel* traite à nouveau comme d'une science de la politique et de l'économie. Cette rénovation est suscitée par la lecture des antiques qui, en France, inspirèrent à *La Boétie* et à Bodin leurs livres remarquables sur l'esprit républicain.

Ambassadeurs vénitiens, *Relations sur les affaires de France* (XVIe siècle), 2 vol., 24 fr. — Beys de Tunis et Consuls de France, *Correspondance avec la cour de 1578 à 1700* (tome I, épuisé), les 2 autres 40 fr. — De Castillon et de Marillac, ambassadeurs de France en Angleterre (1537-1542), *Correspondance politique*, 1 vol. in-8, 15 fr. — Charles V, *Lettres, mandements et actes divers* (1364-1380), 1 vol. in-4, 12 fr. — Charles VIII, *Séances du conseil de régence*, 1 vol. in-4, 10 fr. — Etats généraux de 1484, *Journal*, 1 vol. in-4, 12 fr. — France et Autriche, *Négociations* (1500-1530), 2 vol. in-4, 20 fr. — François II, *Négociations de son règne*, 1 vol. in-4, 10 fr. — Cardinal de Granvelle, *Papiers d'État*, 9 vol., 96 fr. — Henri IV, *Lettres missives*, 9 vol., 108 fr. — Livre de la taille de Paris en 1292, 1 vol. in-4, 15 fr. — Louis XII, *Procédure politique de son règne*, 1 vol. in-4, 25 fr. — Catherine de Médicis, *Lettres*, 4 vol., 48 fr. — Odet de Selves, ambassadeur de France en Angleterre, *Correspondance politique* (1546-1549), 1 vol. in-8, 15 fr. — Les Olims *ou registres des arrêts de la cour du roi, de saint Louis à Philippe le Long*, 4 vol., 60 fr. — Guillaume Pellissier, ambassadeur de France à Venise (1540-1542), *Correspondance politique*, 1 vol. in-8, 40 fr. — Rois et personnages de France et d'Angleterre (Louis VII à Henri IV), *Lettres*, 2 vol., 24 fr.

DE 3 A 6 FRANCS LE VOLUME

Machiavel, *Œuvres politiques*, 1 vol., 3 fr. 50 ; rel. . . . . 5 fr.

La Boétie, *Discours sur la servitude volontaire*, 1 vol. in-32, 0 fr. 25 ; rel., 0 fr. 45. — Machiavel, *Bréviaire républicain*, 1 vol. in-18, 2 fr. — Sully, *Economies royales*, 1 vol. in-32, 2 fr. 50.

XVIIe SIÈCLE

Mais à nouveau, la pensée s'éteint sous l'absolutisme des rois. Les pamphlets et la polémique reprennent un caractère religieux. Les discours sont des sermons sous Louis XIV comme sous la Ligue. *Pascal*, dont les *Lettres provinciales*, chef-d'œuvre d'ironie, sont dirigées contre les jésuites, est lui-même un esprit sincèrement mystique. Deux livres à la Révocation de l'Édit de Nantes, celui du catholique *Bossuet* et du protestant *Claude*, sont les types célèbres de la polémique à cette époque. Et pourtant, l'esprit humanitaire des *Grotius*, des Puffendorff, déjà, sous Louis XIII, cherche à substituer, au droit du plus fort de *Machiavel*, ce qu'on appellera bientôt le bien des peuples et le droit des gens. Mais ceux-ci sont l'exception et dans tout le règne si long de *Louis XIV*, la *Dîme de Vauban*, concernant la réforme de l'impôt, est à très peu près le seul essai remarquable d'économie politique, inspiré d'un sentiment démocratique. Ce livre sera brûlé par la main du bourreau, mais ses idées libérales porteront leur fruit et c'est d'elles que s'inspireront plus tard les physiocrates anglais.

ALBERONI, *Lettres intimes au comte de Rocca* (trad. E. Bourgeois), 1 vol. in-8, 10 fr. — BOSSUET, *Histoire des variations des églises protestantes* (documentaire). — DUC DE BOURGOGNE, *Mémoires des intendants dressés pour son instruction*, 1 vol. in-4, 12 fr. — CLAUDE, *Plaintes des protestants* (documentaire). — LOUIS XIV, *Correspondance administrative de son règne*, 4 vol. in-4, 50 fr. — MAZARIN, *Lettres*, 8 vol. in-4, 96 fr. — PASCAL, *Texte primitif des lettres provinciales*, 1 vol. in-8, 20 fr. — RECUEIL DES INSTRUCTIONS *données aux ambassadeurs et ministres de France, depuis les traités de Westphalie jusqu'à la révolution française*, beaux vol. in-8 : I. *Autriche*, par M. ALBERT SOREL (épuisé récemment), 20 fr. — II. *Suède*, par M. A. GEFFROY, 20 fr. — III. *Portugal*, par DE CAIX DE SAINT-AYMOUR, 20 fr. — IV et V. *Pologne*, par M. LOUIS FARGES, 2 vol., 30 fr. — VI. *Rome*, par M. G. HANOTAUX, 20 fr. — VII. *Bavière, Palatinat et Deux-Ponts*, par M. ANDRÉ LEBON, 25 fr. — VIII et IX. *Russie*, par M. ALFRED RAMBAUD, 2 vol., 45 fr. — X. *Naples et Parme*, par M. JOSEPH REINACH, 20 fr. — XI. *Espagne* (1649-1750), par MM. MOREL-FATIO et LÉONARDON (t. I), 20 fr. — XII et XII *bis*. *Espagne* (1750-1789) (t. II et III), par les mêmes, 40 fr. — XIII. *Danemark*, par M. A. GEFFROY, 14 fr. — XIV et XV. *Savoie-Mantoue*, par M. HORRIC et BEAUCAIRE, 2 vol., 40 fr. — XVI. *Prusse*, par M. A. WADDINGTON, 1 vol., 28 fr. — GROTIUS, *le Droit de la guerre et de la paix*, 3 vol. in-18, 7 fr. 50. — PASCAL, *Lettres provinciales*, 2 vol. in-32, 0 fr. 50 ; rel. en 1, 0 fr. 90. — VAUBAN, *Dîme royale*, 1 vol. in-32, 2 fr. 50 ; *Pensées et mémoires*, broch. in-8, 1 fr. — VATEL, *le Droit des gens* (épuisé récemment).

XVIIIe SIÈCLE

Le dix-huitième siècle voit le réveil de l'esprit de liberté. Un des premiers, *Montesquieu* étudie en les comparant les institutions des peuples et les lois des évolutions sociales. *Alfieri* écrit *De la Tyrannie*. L'œuvre de *Voltaire* toute entière est une protestation contre l'absolutisme. *Rousseau* oppose à la glorification du despotisme de Hobbes ses théories sur la souveraineté populaire et le droit d'insurrection. *Diderot* va plus loin et indique nettement le régicide. C'est l'époque où *Montesquieu*, en France; en Italie, *Beccaria*, *Filanghieri* attaquent la barbarie pénale et tentent d'introduire un peu d'humanité dans la législation. Sur le terrain de l'économie politique, deux écoles sont en présence, les Colbertistes protectionnistes et les physiocrates libéraux, ces derniers, en Angleterre, avec *Locke*, *Hume*, *Adam Smith*, en France, avec *Quesnay*, *Turgot*, *Condorcet*, etc. Le communisme socialiste est lui-même en éclosion dans le *Contrat social* de *Rousseau*, dans les œuvres de *Mably* et dans celles de ce Girondin précurseur de *Proudhon*, *Brissot de Warville*, qui, le premier, écrivit : « La propriété, c'est le vol. »

BEYS DE TUNIS ET CONSULS DE FRANCE, *Correspondance avec la cour*, (1760-1770), 1 vol. in-8, 20 fr. — CONDILLAC, *le Commerce et le gouvernement* (récemment épuisé). — DEYS D'ALGER, *Correspondance avec la cour de France*, 2 vol. in-8, 30 fr. — DOCUMENTS RELATIFS A LA CONVOCATION DES ÉTATS GÉNÉRAUX DE 1789, 1 vol. in-4, 12 fr. — REMONTRANCES DU PARLEMENT DE PARIS AU XVIIIe SIÈCLE, 1 vol. in-4, 15 fr. — A. SMITH, *Richesse des nations*, 2 vol. in-8, 16 fr. — TURGOT, *Œuvres*, 2 vol. gr. in-8, 20 fr.

DE 3 A 6 FRANCS LE VOLUME

BECCARIA, *Des délits et des peines*, 1 vol. in-18 . . . . . . 3 fr. 50

BRISSOT DE WARVILLE, *Recherches sur la propriété et le vol* (à éditer prochainement).

CHANNING, *Œuvres sociales* (trad. Laboulaye), 1 vol., broch., 3 fr. 50; rel. . . . . 5 fr. »

CONDORCET, *Lettres d'un laboureur* (épuisé récemment).

— *Esclavage des nègres* (épuisé récemment).

DIDEROT, *Œuvres choisies*, 1 vol. in-12. . . . . 3 fr. 50

FILANGHIERI, *Science de la législation*, 3 vol. in-8. . . . . . . 18 fr. »

MABLY, *Doutes sur l'ordre des sociétés* (à éditer prochainement).

MONTESQUIEU, *l'Esprit des lois* (épuisé récemment).

Mme DE NECKER, *Réflexions sur le divorce*, 1 vol. in-16. . . . 3 fr. 50

J.-J. ROUSSEAU, *Du Contrat social*, 1 vol. in-16. . . . . 5 fr. »

D'ALEMBERT, *Destruction des jésuites*, 1 vol. in-32, 0 fr. 25; rel., 0 fr. 45. — ALFIERI, *De la Tyrannie*, 1 vol. in-32, 0 fr. 25; rel., 0 fr. 45. — CONDORCET, *Vie de Voltaire*, 1 vol. in-32, 0 fr. 25; rel., 0 fr. 45; *Progrès de l'esprit humain*, 1 vol. in-8, 5 fr. — HUME, *Œuvres économiques*, 1 vol. in-32, 2 fr. 50. — MABLY, *Droits et devoirs des citoyens*, 1 vol. in-32, 0 fr. 25; rel., 0 fr. 45; *Entretiens de Phocion*, 1 vol. in-32, 0 fr. 25; rel., 0 fr. 45. — QUESNAY, *la Physiocratie*, 1 vol. in-32, 2 fr. 50. — J.-J. ROUSSEAU, *Mélanges d'économie politique, Contrat social*, 1 vol. in-16, 1 fr. 25. — A. SMITH, *Richesse des nations*, 1 vol. in-32, 2 fr. 50. — VOLTAIRE, *Mélanges*, 8 vol. in-16, 10 fr.

XIXe SIÈCLE (depuis la Révolution)

Puis, c'est la grande tempête. L'éloquence révolutionnaire éclate dans les discours et les pamphlets. Parfois, elle atteint le sublime avec les *Mirabeau*, les *Vergniaud*, les *Danton* dont on peut lire des fragments dans les historiens. La polémique a la violence des écrits de la Ligue (*Rivarol*, royaliste, *Camille Desmoulins*, républicain). Puis, tout sombre dans la Terreur qui ouvre la voie à l'absolutisme. A d'autres temps, d'autres haines. Les écrits de *Mme de Staël*, de *Chateaubriand*, contre l'Empire, en sont l'expression. Pendant toute cette période de lutte les questions économiques avaient été discutées violemment au sein des grandes assemblées républicaines. Le socialisme même avait été nettement prêché par *Babœuf*, *Sylvain Maréchal*, etc., mais il appartenait à *Saint-Simon* et à *Fourier* d'en esquisser les formules primitives. *Saint-Simon* rêve d'une organisation qui conférerait à un sacerdoce de haute valeur intellectuelle la terre et les capitaux. Il proclame l'équivalence des sexes et ses vues sur l'évolution sont celles du développement. Les idées de *Lamennais* se rapprochent par certains côtés de ce sentimentalisme religieux dont s'inspirèrent les générations qui « descendirent dans la rue ». A travers les pages mystiques de ces écrivains, vibre un ardent amour de l'humanité. La méthode de *Fourier* est celle de *l'écart absolu*. La tradition n'a pas de valeur. Il faut faire le contraire de ce qui a été fait. Ses tendances sont matérialistes. Ses théories sur l'association ont, de toutes les œuvres sociologiques de ce temps, le plus fortement influencé la conscience moderne. *Malthus* considère l'excès de population comme le plus grand facteur des désordres sociaux et envisage les moyens d'y remédier. Comme *Fourier*, *Louis Blanc* cherche à substituer l'association à la concurrence et propose l'abolition de l'hérédité du capital. *Proudhon*, lui, combat à la fois le communisme qui substitue l'état à l'individu, et la propriété qui crée l'injustice. Sa doctrine, c'est l'*anarchie* qu'il définit l'*association libre des travailleurs* et *la négation de toute autorité*. Et dans le temps où se débattent les principes des hautes questions sociales, l'économie politique voit le développement des idées libre-échangistes des physiocrates avec *J.-B. Say*, *Chevalier*, *Rossi*, *Blanqui*, etc. et la polémique libérale fait éclore les pamphlets de *Paul-Louis Courier*, les œuvres de *Quinet*, *Girardin*, *Benjamin Constant*, etc. Elle fait aussi éclore les discours de *Thiers*, *Guizot*, *Lamartine* à l'heure même où les sombres écrits de Joseph de Maistre tendent à rétrograder l'humanité vers une épouvantable conception d'ultramontanisme religieux et de despotisme politique.

(1892-1894), 2 vol. in-8, 24 fr. — COMITÉ DU SALUT PUBLIC, *Actes*, 8 vol., 96 fr. — CONVENTION, *Procès-verbaux du comité d'instruction publique*, 2 vol. in-8, 24 fr. — JULES FAVRE, *Discours parlementaires*, 4 vol. in-8, 32 fr. — GAMBETTA, *Discours et plaidoyers complets*, 11 vol. in-8, 82 fr. 50. — LÉGISLATIVE, *Procès-verbaux du comité d'instruction publique*, 1 vol. in-8, 12 fr. — TALLEYRAND, *Correspondance politique*, 4 vol. in-8, 33 fr. — THIERS, *Discours parlementaires*, 16 vol. in-8, 116 fr.

DE 3 A 6 FRANCS LE VOLUME

LOUIS BLANC, *Organisation du travail* (à éditer prochainement).

— *Catéchisme des socialistes* (à éditer prochainement).

CHATEAUBRIAND, *Œuvres politiques* (documentaire).

BENJAMIN CONSTANT, *Œuvres politiques*, 1 vol., 3 fr. 50; rel. . 5 fr. »

COUSIN, *Instruction publique en France* (1830-1848), 2 vol. in-18, 6 fr.; rel . . . . 15 fr. »

GAMBETTA, *Discours et plaidoyers*, 1 vol. gr. in-18, 3 fr. 50; rel. . . 5 fr. »

E. DE GIRARDIN, *Droit au travail*, 2 vol. in-18 . . . . . . 7 fr. »

LAMENNAIS, *Paroles d'un croyant* (documentaire)

LAVOISIER, *Richesse territoriale de la France*, 1 vol. gr. in-8. . . 13 fr. »

SYLVAIN MARÉCHAL, *Dernier Jugement des rois* (à éditer prochainement).

— *Dictionnaire des Athées* (à éditer prochainement).

MICHELET, *la Bible de l'humanité*, 1 vol. in-18. . . . . 3 fr. 50

MIRABEAU, *l'Ami des hommes*, 1 vol. in-8 . . . . 5 fr. »

E. PELLETAN, *Profession de foi du dix-neuvième siècle*, 1 vol. in-12. 3 fr. 50

PROUDHON, *Abrégé de ses œuvres*, 1 vol. in-18. . . . . 3 fr. 50

PROUDHON, *Contradictions économiques*, 2 vol. in-18. . . . 7 fr. »

— *Qu'est-ce que la propriété ?* 1 vol. in-18 . . . . 3 fr. 50

— *De la création de l'ordre dans l'humanité*, 1 vol. in-18 . . . 3 fr. 50

— *La Révolution au XIXe siècle*, 1 vol. in-18. . . . . 3 fr. 50

— *De la Justice dans la Révolution et dans l'Église*, 1 vol. in-18. . 3 fr. 50

— *De la Capacité politique des classes ouvrières*, 1 vol. in-18 . . 3 fr. 50

— *La Guerre et la Paix*, 1 vol. in-18 3 fr. 50

— *Césarisme et Christianisme*, 2 vol. in-18. . . . . 7 fr. »

E. QUINET, *les Jésuites, l'Ultramontanisme*, 1 vol. in-16. . . . 3 fr. 50

— *Œuvres politiques avant l'exil*, 1 vol. in-16. . . . . 3 fr. 50

— *Histoires de mes idées*, 1 vol. in-16 3 fr. 50

— *Œuvres politiques pendant l'exil*, 1 vol. in-16. . . . . . 3 fr. 50

— *Œuvres politiques après l'exil*, 1 vol. in-16. . . . . 3 fr. 50

SAINT-SIMON, *Doctrines* (épuisé récemment).

Mme DE STAEL, *Dix ans d'exil* (documentaire)

P.-L. COURIER, *Chefs-d'œuvre*, 2 vol. in-32, 0 fr. 50; rel. en 1, 0 fr. 90. — CAMILLE DESMOULINS, *Œuvres*, 3 vol. in-32, 0 fr. 75; rel. en 2, 1 fr. 35. — FOURIER, *Œuvres choisies*, 1 vol. in-32, 2 fr. 50; *le Socialisme sociétaire*, 1 vol. in-16, 1 fr. — E. DE GIRARDIN, *Abolition de l'autorité* (épuisé récemment); *Abolition de l'esclavage militaire* (épuisé récemment); *le Droit de tout dire* (épuisé récemment); BLANQUI et E. DE GIRARDIN, *De la liberté du commerce et de la protection de l'industrie*, 1 broch., 2 fr. — LAMARTINE, *Droit au travail, la présidence*, etc., 5 broch., 2 fr. 50. — LAMENNAIS, *le Livre du peuple*, 1 vol. in-16, 1 fr.; *Passé et Avenir du peuple*, 1 vol. in-32, 0 fr. 25; rel. 0 fr. 45. — P. LEROUX, *Malthus et les économistes*, 2 vol. in-32, 0 fr. 50; rel. en 1, 0 fr. 90. — MALTHUS, *Principes de population*, 1 vol.

in-32, 2 fr. 50. — MIRABEAU, *Sa vie, ses opinions, ses discours*, 5 vol. in-32, 1 fr. 25 ; rel. en 2, 2 fr. 25. — THIERS, *le Droit au travail*, br., 0 fr. 50.

Ce qui caractérise l'époque contemporaine, c'est l'importance qu'ont prise les questions économiques et sociologiques dans la vie des peuples. Au premier point de vue, on constate chez beaucoup d'auteurs une rétrogradation, et les libéraux même ne sont plus aussi franchement libre-échangistes que les physiocrates du dix-huitième siècle. Ils forment tout d'abord une école mixte, tendant à dégager de deux systèmes différents ce que chacun a de bon. Telle est la caractéristique de ce qu'on pourrait appeler l'école éclectique en économie, que nous citons en partie à titre documentaire.

M. BLOCH, *Traité théorique et pratique de statistique*, 1 vol. in-8, 8 fr. — J. GARNIER, *Traité d'économie politique*, 1 vol. in-18, 7 fr. 50 ; *Du Principe de population*, 1 vol. in-8, 10 fr. ; *Traité des finances*, 1 vol. in-8, 8 fr. — JUGLAR, *les Crises commerciales en France, en Angleterre et aux Etats-Unis*, 1 vol. gr. in-8, 12 fr. — P. LEROY-BEAULIEU, *l'Etat moderne et ses fonctions*, 1 vol. in-8, 9 fr. — A. LIESSE, *le Travail au point de vue individuel et social*, 1 vol. in-8, 7 fr. 50. — J.-B. SAY, *Cours d'économie politique*, 2 vol. gr. in-8, 20 fr. — WOLOWSKY, *la Liberté commerciale*, 1 vol. in-8, 7 fr. 50.

DE 3 A 6 FRANCS LE VOLUME

E. LEVASSEUR, *la Question de l'or*, 1 vol. in-8. . . . . . 6 fr. »

O. NOEL, *Histoire du commerce de la France*, 1 vol. in-8. . . . 6 fr. »

FR. PASSY, *Leçons d'économie politique*, 2 vol. in-8. . . . . . . 10 fr. »

ROSSI, *Cours d'économie politique*, 4 vol. in-8 . . . . . . 15 fr. »

C. ROYER, *Théorie de l'impôt ou la dîme sociale*, 2 vol. in-8. . 10 fr. »

L. SAY, *Solutions démocratiques de la question des impôts*, 2 vol. in-8. 6 fr. »

M. CHEVALIER, *Question des travailleurs*, broch. in-18, 0 fr. 50. — E. CHEYSSON, *Rôle et devoir du capital*, broch. in-8, 1 fr. 50. — COURCELLE-SENEUIL, *Leçons d'économie politique*, 1 vol. in-18, 2 fr. — GARNIER, *Causes de la misère*, broch. in-8, 1 fr. — R.-G. LÉVY, *les Finances russes*, broch. in-8, 1 fr. — J.-B. SAY, *Catéchisme d'économie politique*, 1 vol. in-18, 1 fr. 50. — WOLOWSKI, *Utilité pour les ouvriers d'étudier l'économie politique*, broch. in-8, 1 fr.

Au socialisme prédicant de *Saint-Simon* et de *Fourier*, succède un socialisme de lutte. Dans son livre sur *le Capital*, *Karl Marx* pose en principe que la richesse dérive en première ligne du travail et que tout ce que le capital y prélève est un vol ; le capital, c'est le parasitisme social protégé par la loi ; c'est en tous cas une injustice. La méthode d'exposé de ses doctrines a fait donner à cette forme de conception le nom de socialisme scientifique. Internationaliste, *Marx* fonda l'Internationale des travailleurs. *Liebknecht* et *Bebel* sont ses disciples. De même, à l'anarchie de *Proudhon*, restée spéculative, succède, dans un autre ordre d'idée, l'anarchie propagandiste de *Bakounine* et de *Kropotkine*, laquelle sanctionne tous les moyens possible de destruction de la société pour pouvoir la reconstruire. C'est à titre documentaire que nous citons les œuvres qui contiennent l'exposé d'aussi farouches doctrines. Parti du principe d'association de Fourier, le socialisme revêtit bien vite la forme mutualiste et la forme collectiviste dont se recommandent des partis politiques différents en moyens d'action : modérés (Brousse, Lavy, etc.), révolutionnaires (*Allemane*, *Guesde*, *etc.*), indépendants (*Jaurès*, *Sembat*, *etc.*), qui viennent à l'heure présente de s'unifier au point de vue de l'action politique dans un but de conquête du pouvoir.

K. Marx, *le Capital*, 3 vol. in-8, 30 fr.

DE 3 A 6 FRANCS LE VOLUME

Bakounine, *Fédéralisme, socialisme*, 1 vol. in-18. . . . . 3 fr. 50

Benoit Malon, *le Socialisme réformiste* (épuisé récemment).

Blanqui, *Histoire de l'économie politique*, 1 vol. in-8. . . . . . 8 fr. »

G. Deville, *Principes socialistes*, 1 vol. in-18 . . . . . 3 fr. 50

J. Guesde, *Quatre ans de lutte de classe à la Chambre*, 2 vol. in-18, 6 fr. »

— *Etat politique et morale de classe*, 1 vol. in-18. . . . . . 3 fr. 50.

J. Jaurès, *Action socialiste*, 1 vol. in-16. . . . . 3 fr. 50

Kautsky, *la Politique agraire du parti socialiste*, 1 vol. in-8. . . . 4 fr. »

Kropotkine, *la Conquête du pain*, 1 vol. in-18. . . . . 3 fr. 50

Paul Lafargue et Yves Guyot, *la Propriété* (controverse), 1 vol. in-12. . . . . 3 fr. 50

F. Lassalle, *Discours et Pamphlets*, 1 vol. in-18. . . . . . . 3 fr. 50

P. Lavroff, *Quelques survivances dans les temps modernes*, broch. gr. in-8 3 fr. 50

— *Lettres historiques*, 1 vol. in-16 4 fr. »

L. Michel, *la Commune*, 1 vol. in-18 3 fr. 50

K. Marx, *Critique de l'économie politique*, 1 vol. in-16 . . . . 3 fr. 50

— *L'Allemagne en 1848*, 1 vol. in-16 5 fr. »

— *Le Capital*, 1 vol. in-18. . 3 fr. 50

— *La Lutte des classes en France*, 1 vol. in-16. . . . . 3 fr. 50

Allemane, *Programme législatif et programme municipal*, 2 broch., 0 fr. 30. — Bernstein, *Socialisme et Science*, 1 broch. in-18, 0 fr. 75. — Blanqui, *Précis de l'économie politique*, 1 vol. in-18, 2 fr. 50. — Kropotkine, *l'Anarchie*, 1 broch. in-18, 1 fr. — Liebknecht, *Souvenirs*, 1 vol. in-16, 2 fr. — Millerand, *le Socialisme réformiste français*, 1 vol. in-16, 0 fr. 60.

D'autres ouvrages intéressants, émanant de diverses écoles philosophiques ou politiques contemporaines, ont été écrits :

SUR LE SOCIALISME MÊME ET SUR L'ANARCHIE, LA SOCIOLOGIE PRATIQUE ET COMPARÉE, L'ÉCONOMIE POLITIQUE.

GRASSERIE, *Essai d'une sociologie globale*, 1 vol. in-8, 10 fr. — Y. GUYOT, *Science économique* (sous presse). — F. MICHEL, *Histoire des races maudites*, 2 vol. in-8, 15 fr. — MOLINARI, *l'Evolution politique et la Révolution*, 1 vol. in-8, 7 fr. 50. — V. PARETO, *les Systèmes socialistes*, 2 vol. in-8, 14 fr.; rel., 16 fr. — HERBERT SPENCER, *les Institutions professionnelles et industrielles*, 1 vol. in-8, 7 fr. 50; *Principes de sociologie*, 4 vol. in-8, 36 fr. 25. — E. TARBOURIECH, *la Responsabilité des accidents de travail*, 1 vol. in-8, 10 fr. — G. TARDE, *Psychologie sociale*, 1 vol. in-8, 7 fr.; rel., 9 fr. — E. VANDERVELDE, *l'Alcoolisme et les conditions du travail en Belgique* (épuisé récemment). — H. WEBB, *Histoire du trade-unionisme*, 1 vol. in-8, fig., 10 fr.

DE 3 A 6 FRANCS LE VOLUME

BERTH, *Dialogues socialistes*, 1 vol. in-18. . . . . 3 fr. 50

BOILLEY, *Législation internationale du travail*, 1 vol. in-12. . . 3 fr. »

COLAJANNI, *le Socialisme*, 1 vol. in-18 3 fr. 50

C. CORNELISSEN, *Théorie de la valeur*, 1 vol. in-16 . . . . . . 4 fr. »

DEFOURNY, *Sociologie positiviste*, 1 vol. in-8 . . . . 6 fr. »

DUMONT, *Natalité et Démocratie*, 1 vol. in-12. . . . . 3 fr. »

DURKHEIM, *De la Division du travail social*, 1 vol. in-8. . . . . 7 fr. 50

F. ENGELS, *Religion, Philosophie, Socialisme*, 1 vol. in-18. . . 3 fr. »

E. FERRI, *la Psychologie de l'association depuis Hobbes*, 1 vol. in-8. 7 fr. 50

— *Socialisme et Science*, 1 vol. in-8 4 fr. »

GATTI, *le Socialisme et l'Agriculture*, 1 vol. in-18 . . . . . . 3 fr. 50

J. GRAVE, *l'Individu et la Société*, 1 vol. in-18, 3 fr. 50; éd. riche . 12 fr. »

LETOURNEAU, *la Sociologie*, 1 vol. in-12, broch., 5 fr.; rel.. . 5 fr. 75

P. DE MAROUSSEM, *les Enquêtes*, 1 vol. in-8 . . . . 6 fr. »

Ch. MALATO, *De la Commune à l'anarchie*, 1 vol. in-18. . . . . 3 fr. 50

A. MÉTIN, *le Socialisme sans doctrine*, 1 vol. in-8. . . . . 6 fr. »

MOLINARI, *l'Évolution économique au dix-neuvième siècle*, 1 vol. in-8. 6 fr. »

F. et M. PELLOUTIER, *la Vie ouvrière en France*, 1 vol. in-8 . . 5 fr. »

J. RAE, *la Journée de huit heures*, 1 vol. in-8 . . . . 6 fr. »

ELISÉE RECLUS, *l'Évolution, la Révolution et l'Idéal anarchique*, 1 vol. in-18 . . . . 3 fr. 50

C. SECRÉTAN, *Études sociales*, 1 vol. in-18. . . . . 3 fr. 50

HERBERT SPENCER, *Introduction à la science sociale*, 1 vol. in-8. 6 fr. »

WALDECK-ROUSSEAU, *Questions sociales*, 1 vol. in-18. . . . . 3 fr. 50

BASTIAT, *Œuvres choisies*, 3 vol. in-18, 10 fr. 50. — D. BANCEL, *le Coopératisme*, 1 vol. in-16, 1 fr. 50; rel., 2 fr. — V. BARRUCAND, *le Pain gratuit*, 1 vol. in-18, 1 fr. — BLOCH, *Théories anarchistes et rapports avec le communisme*, 1 broch. in-8, 1 fr. 50. — DURKHEIM, *les Règles de la méthode sociologique*, 1 vol. in-12, 2 fr. 50; rel., 4 fr. — A. FRANCE, *Opinions sociales*, 2 vol. in-16, 1 fr. — C. GIDE, *l'Idée de solidarité*, br. gr. in-8, 1 fr. — DE GREEF, *Essai sur la monnaie, le crédit et les banques*, br. in-8, 1 fr. 50. — DE GREEF, *les Lois sociologiques*, 1 vol. in-12, 2 fr. 50, rel.; 4 fr. — P. LAFARGUE, *les Trusts américains*, 1 vol. in-18, 1 fr. 50. — LABRIOLA, *Socialisme et Philosophie*, 1 vol. in-18, 2 fr. 50. — LE PLAY, *Économie sociale*, 1 vol. in-32, 2 fr. 50. — M. NORDAU, *Paradoxes sociologiques*, 1 vol. in-12, 2 fr. 50; — J. SARRAUTE, *Socialisme d'opposition, socialisme de gouvernement*, 1 vol. in-18, 2 fr. — W. SOMBART, *le Socialisme et le Mouvement social*, 1 vol. in-18 2 fr. — HERBERT SPENCER, *l'Individu contre l'État*, 1 vol. in-12, 2 fr. 50

— SOREL, *l'Avenir socialiste des syndicats*, br. in-8, 1 fr. — E. VANDERVELDE, *Parasitisme organique et social*, 1 vol. in-16, 2 fr. 50.

D'autres ont écrit sur les questions scientifiques, morales, politiques, se rapportant au principe d'autorité, à la justice, à la religion, à la paix et à la guerre, à l'éducation, au rôle social de la femme, etc.

Docteur COMMENGE, *la Prostitution clandestine à Paris*, 1 vol. in-8, 12 fr. 50. — LETOURNEAU, *l'Evolution de l'éducation*, 1 vol. in-8, 9 fr.; *la Condition de la femme dans les diverses races*, 1 vol. in-8, 9 fr.; rel., 11 fr. — LOMBROSO, *le Crime*, 1 vol. in-8, fig. et pl., 10 fr. — HERBERT SPENCER, *Justice*, 1 vol. in-8, 7 fr. 50. — N. STARCKE, *la Famille dans les différentes sociétés*, 1 vol. in-8, 5 fr.

DE 3 A 6 FRANCS LE VOLUME

PAUL BERT, *la Morale des Jésuites*, 1 vol. in-18, 3 fr. 50; rel. 5 fr. »

BERTRAND, *l'Enseignement intégral*, 1 vol. in-8, 5 fr.; rel. 7 fr. »

JEANNE CHAUVIN, *Etude historique sur les professions accessibles aux femmes*, 1 vol. in-8. 6 fr. »

E. COMBES, *Vers la Séparation*, 1 vol. in-18. 3 fr. 50

URBAIN GOHIER, *l'Armée contre la nation*, 1 vol. in-18, 3 f. 50; rel. 5 fr. »

Y. GUYOT, *Lettres sur la politique coloniale*, 1 vol. in-12. 4 fr. »

HUXLEY, *les Sciences naturelles et l'Education*, 1 vol. in-18 3 fr. 50

P. LACOMBE, *la Guerre et l'Homme*, 1 vol. in-18. 3 fr. 50

F. LEDUC, *la Femme devant le Parlement*, 1 vol. in-8. 6 fr. »

H. LEYRET, *les Jugements du président Magnaud*, 1 vol. in-18 3 fr. 50

LILIENFELD. *Pathologie sociale*, 1 vol. in-8, 6 fr.; rel. 8 fr. »

L. MELCHINE, *Souvenirs du bagne sibérien*, 1 vol. in-18. 3 fr. 50

MICHELET, *Les Jésuites, le Prêtre, la Femme et la Famille*, 1 vol. in-18. 3 fr. 50

— *La Femme*, 1 vol. in-18. 3 fr. 50

MOCH, *l'Armée d'une démocratie*, 1 vol. in-18. 3 fr. 50

G. MONTEILLET, *Nos Institutions militaires* (1872-1903), 1 vol. gr. in-8, 6 fr. »

NAQUET, *la Loi du divorce*, 1 vol. in-18, 3 fr. 50; rel. 5 fr. »

Colonel PATRY, *la Guerre telle qu'elle est*, 1 vol. in-18. 3 fr. 50

DE POMPERY, *Quintessences féminines*, 1 vol. in-12. 3 fr. 50

HERBERT SPENCER, *De l'Education*, 1 vol. in-8 5 fr. »

C.-N. STARCKE, *la Famille dans les différentes sociétés*, 1 vol. in-8, 5 fr.; rel. 7 fr. »

WALDECK-ROUSSEAU, *la Défense républicaine*, 1 vol. in-8, 3 fr. 50; rel. 5 fr. »

M. WOLF, *l'Education nationale*, 1 vol. in-18. 3 fr. »

ZALESKI, *le Pouvoir et le Droit*, 1 vol. in-8. 3 fr. »

ARRÉAT, *Une éducation intellectuelle*, 1 vol. in-18, 2 fr. 50. — H. FOLLIN, *la Marche vers la paix*, broch. in-18, 0 fr. 75. — URBAIN GOHIER, *l'Armée de Condé*, 1 broch. in-18, 1 fr. — HUDRY-MENOS, *la Femme*, 1 vol. in-16, ill., 1 fr. 50; rel., 2 fr. — C. LAISANT, *l'Education fondée sur la science*, 1 vol. in-12, 2 fr. 50; rel., 4 fr. — MAUDSLEY, *le Crime et la Folie*, 1 vol. in-8, 6 fr. — MICHELET, *Des Jésuites*, broch., 1 fr. — MOCH, *la Question de la langue internationale*, 1 broch. gr. in-8, 2 fr. — CH. RICHET, *les Guerres et la Paix*, 1 vol. in-16, fig. et pl., 1 fr. 50; rel., 2 fr. — C. VOGT, *Antisémitisme et Barbarie*, broch. gr. in-8, 0 fr. 75.

Enfin, d'une manière plus générale, sur l'évolution au point de vue politique et social :

Bombard, *la Marche de l'humanité*, 1 vol. in-8, 6 fr. ; rel., 8 fr. — Deltuf, *Essai sur Machiavel*, 1 vol. in-8, 7 fr. 50. — Devaux, *Etudes politiques sur l'histoire*, 1 vol. gr. in-8 (épuisé récemment). — De Greef, *le Transformisme social*, 1 vol. in-8, 7 fr. 50. — Haeckel, *les Enigmes de l'Univers*, 1 vol. in-8, 10 fr. — Molinari, *l'Evolution politique et la Révolution*, 1 vol. in-8, 7 fr. 50. — Richard, *l'Idée d'évolution dans la nature et dans l'histoire*, 1 vol. in-8, 7 fr. 50 ; rel., 9 fr. 50.

DE 3 A 6 FRANCS LE VOLUME

A. Bordier, *la Vie des sociétés*, 1 vol. in-8. . . . . 6 fr. »

L. Bresson, *les Trois Évolutions*, 1 vol. in-8. . . . . 7 fr. »

— *Idées modernes* (épuisé récemment).

Buchner, *A l'aurore du siècle*, 1 vol. in-8. . . . . 4 fr. »

Champion, *l'Esprit de la Révolution française*, 1 vol. in-12 . . 3 fr. 50

Donnat, *la Politique expérimentale*, 1 vol. in-12, 5 fr. ; rel. . 5 fr. 75

U. Gohier, *le Peuple au vingtième siècle*, 1 vol. in-18, 3 fr. 50 ; rel. 5 fr. »

J. Grave, *la Société future*, 1 vol. in-18, 3 fr. 50 ; éd. riche . . 10 fr. »

Michelet, *le Peuple*, 1 vol. in-18 3 fr. 50

Séverine, *En marche*, 1 vol. in-18 3 fr. 50

G. Sorel, *la Ruine du monde antique*, 1 vol. in-18 . . . . . . 3 fr. 50

Stuart-Mill, *la Liberté*, 1 vol. in-18 3 fr. 50

Ch. Vigoureux, *l'Avenir de l'Europe*, 1 vol. in-18 . . . . 3 fr. 50

Haeckel, *les Enigmes de l'Univers*, édit. populaire, 1 vol. in-8, 2 fr. — Kostyleff, *Esquisse d'une évolution dans l'histoire et la philosophie*, 1 vol. in-16, 2 fr. 50. — Novikow, *la Mort des sociétés*, broch. in-8, 1 fr. 50 ; *l'Avenir de la race blanche*, 1 vol. in-12, 2 fr. 50 ; rel., 4 fr. — C. Novel, *Matérialisme scientifique et ses conséquences*, broch. in-8, 0 fr. 30. — A. Roux, *Vie artistique de l'humanité*, 1 vol. in-16. fig. et pl., 1 fr. 50 ; rel., 2 fr.

ŒUVRES HISTORIQUES

PROPREMENT DITES

ANTIQUITÉ

Ce n'est pas dans les auteurs antiques qu'il faut étudier l'antiquité. Ils ignoraient tout, par exemple, de cette humanité préhistorique que les découvertes récentes nous ont révélée (v. Genèse humaine). Nous connaissons mieux qu'eux-mêmes l'histoire des nations qui entouraient les Grecs, et la Terre de *Strabon* et de *Ptolémée* ne s'étendait pas au delà de l'Atlantique, sous le soleil qui tournait autour d'elle.

Ptolémée, *Géographie* (texte grec et latin). 1 tome en 2 parties, 30 fr.; atlas, 75 fr. — Strabon, *Géographie*, 4 vol. in-16, 20 fr.

C'est autant à titre de chefs-d'œuvre historiques de la pensée que comme éléments documentaires épars et précieux qu'il faut citer *Hérodote*, lequel a recueilli les traditions des peuples qu'il reconnut dans ses voyages et cette sélection d'auteurs grecs et latins qui ont raconté les fastes de leur nation comme *Thucydide*, ou, comme *Jules César*, ont écrit sur nos propres ancêtres.

DE 3 A 6 FRANCS LE VOLUME

J. César, *Guerre des Gaules*, 1 vol. in-18, broch., 3 fr. 50; rel. . 5 fr. »

Eutrope, *Histoire romaine*, 1 vol. in-8 . . . . 5 fr. »

Hérodote, *Histoire*, 1 vol. in-18, broch., 3 fr. 50; rel. . . . . 5 fr. »

T. Pompée, *Histoire universelle*. 1 vol. in-18. . . . . 3 fr. »

Suétone, *les Douze Césars*, 1 vol. in-18, broch., 3 fr. 50; rel. . . 5 fr. »

Tacite, *Histoire et annales* (trad. Burnouf). 1 vol. in-16. . . . 3 fr. 50

Thucydide, *Guerre du Péloponèse*, 2 vol. in-18, 7 fr.; rel. . . . 10 fr. »

Cornelius Nepos, *Vie des grands capitaines*, 2 vol. in-32, 0 fr. 50; rel. en 1, 0 fr. 90. — Plutarque, *Vie des hommes illustres*, 4 vol. in-18, 14 fr.;

rel., 20 fr. — QUINTE-CURCE, *Histoire d'Alexandre*, 3 vol., 0 fr. 75 ; rel. en 2, 1 fr. 35. — SALLUSTE, *Catilina*, *Jugurtha*, 1 vol., 0 fr. 25 ; rel., 0 fr. 45. — TACITE, *Mœurs des Germains*, 1 vol. in-32, 0 fr. 25 ; rel., 0 fr. 45. — TITE-LIVE, *Histoire romaine* (extraits), 2 vol. in-32, 0 fr. 50 ; rel. en 1, 0 fr. 90. — XÉNOPHON, *Retraite des Dix Mille*, 2 vol. in-18, 7 fr. ; rel., 10 fr. ; *Histoire de Cyrus*, 1 vol. in-32, 0 fr. 25 ; rel., 0 fr. 45.

MOYEN AGE ET RENAISSANCE

Au moyen âge, l'esprit religieux et l'esprit chevaleresque inspirent toute cette pléiade de chroniqueurs et d'historiens qui jugèrent les événements de leur temps avec leurs sentiments personnels, plutôt en conteurs qu'en hommes de pensée, *Villehardouin*, *Joinville*, *Froissart*, lesquels dans un langage naïf, parfois bien intéressant, consacrent plus de lignes à la description d'un beau coup d'épée qu'à l'histoire d'une grande bataille. Certains fragments, comme dans l'*Histoire de la commune de Laon* ou le *Journal d'un bourgeois de Paris*, sont d'un intérêt tragique, qu'ils racontent soit une tentative d'émancipation, soit une description de la misère des peuples. Mais il faut arriver à *Comines* et à *Guichardin* pour retrouver l'histoire écrite par des cerveaux profonds, cherchant, à notre exemple, à se rendre compte des enchaînements et des causes.

G. ANELIER, *Histoire de la guerre de Navarre* (1276-1277), 1 vol. in-4, 10 fr. — BENOIT, *Chronique des ducs de Normandie*, 3 vol. in-4, 45 fr. — G. CHASTELLAIN, *Chronique des ducs de Bourgogne* (épuisé récemment). — P. DE COMINES, *Mémoires*, 3 vol. in-8, 27 fr. — CUVELIER, *Chroniques de Bertrand du Guesclin*, 2 vol. in-4, 24 fr. — FROISSART, *Chroniques*, 12 vol. in-8, 108 fr. — GUIBERT, *Histoire tragique de la commune de Laon* (récemment épuisé). — CLAUDE HATON, *Mémoires*, 2 vol. in-4 (1553-1582), 24 fr. — JOINVILLE, *Histoire de saint Louis* (documentaire), 1 vol. in-8, 9 fr. — JUVÉNAL DES URSINS, *Chroniques* (épuisé récemment). — MICHELET, *Documents relatifs au procès des Templiers*, 2 vol. in-4, 30 fr. — E. DE MONSTRELET, *Chroniques*, 1 vol. in-8, 7 fr. 50. — G. DE NANGIS, *Chronique*, 2 vol. in-8, 18 fr. — PUYLAURENS, *Guerre des Albigeois* (épuisé récemment). — RELIGIEUX DE SAINT-DENIS, *Chronique*, 6 vol. in-4, 90 fr. — RICHER, *Histoire des Francs*, 2 vol. in-8, 18 fr. — VALOIS, *Chronique des Valois*, 1 vol. in-8, 9 fr. — VILLEHARDOUIN, *Conquête de Constantinople*, 2 vol. in-8, 40 fr. ; pap. Whatman, 80 fr.

Hors de France, en Europe, il faut citer :

GUICHARDIN, *Histoire d'Italie* (épuisé récemment). — MACHIAVEL (Œuvres historiques), dans ses *Œuvres complètes*, 2 vol. gr. in-8, 10 fr.

Quant aux nations, d'un continent à l'autre, c'est d'un monde à un autre monde. Les récits des voyageurs sont empreints de fantastique. Quelques notions de géographie nouvelle se rencontrent dans les voyageurs Arabes, dans les écrits de *Marco Polo*, *Léon l'Africain* et dans les relations des navigateurs qui, après Colomb, ont parcouru l'Atlantique.

ABOULFÉDA, *Géographie*, 3 vol. in-4, 25 fr. — CHY-FA-HIAN, *Relations des royaumes bouddhiques*, 1 vol. in-4, 25 fr. — CORTE RÉAL, *Voyage au Nouveau-Monde*, 1 vol. gr. in-8, 25 fr. — EBN-HAUCAL, *Description de Palerme*, X^e^ *siècle*, in-8, 1 fr. — EDRISI, *Description de l'Afrique et de l'Espagne*, 1 vol. gr. in-8, 18 fr. 75. — UN GENTILHOMME FLORENTIN, *Navigation de Vasco de Gama*, 1 vol. in-8, 10 fr. — LÉON L'AFRICAIN, *Description de l'Afrique*, 3 vol. gr. in-8, 75 fr. : éd. riche, 100 fr. — GÉROME MAURAND, *D'Antibes à Constantinople* (1544), 1 vol. in-8, 30 fr. ; éd. riche, 40 fr. — MARCO POLO, *le Livre de Marco Polo*, 2 vol. gr. in-8, 20 fr. — D. POSSOT, *Voyage de la Terre Sainte*, 1 vol. gr. in-8, pl., 30 fr. ; éd. riche, 40 fr. — MOHAMMED EBN DJOBAIR, *Voyage en Sicile*, broch. in-8, 1 fr.

XVIIe SIÈCLE

Il faut arriver au dix-septième siècle et à *Bossuet* pour trouver un essai d'histoire universelle. Littérairement parlant, le sien est un chef-d'œuvre. Il a manqué à son auteur un esprit impartial et des matériaux suffisants. Il s'arrête au neuvième siècle.

BOSSUET, *Discours sur l'histoire universelle* (documentaire).

Des écrivains de son époque, à part l'essai de Maizeray sur l'histoire de France et quelques ouvrages d'intérêt restreint, tout ce qui nous touche aujourd'hui est condensé dans des mémoires, attrayants avec *la Rochefoucauld*, profonds avec *Saint-Simon*, parfois légers avec *Bussy-Rabutin* et qui se rapportent beaucoup plus souvent à l'histoire des mœurs qu'à l'histoire des faits.

BASSOMPIERRE, *Mémoires*, 4 vol. in-8, 36 fr. — DANGEAU, *Journal* (1684-1720), 19 vol. in-18 (tome III épuisé), les autres, 108 fr. — LA ROCHEFOUCAULD, *Mémoires* (tome II de ses œuvres), 7 fr. 50.

DE 3 A 6 FRANCS LE VOLUME

BUSSY-RABUTIN, *Histoire amoureuse des Gaules*, 4 vol. in-16 . . 24 fr. »

FLÉCHIER, *Mémoires* (documentaire).

FONTENELLE, *Eloge des académiciens*, 1 vol. in-18, 3 fr. 50 ; rel. . 5 fr. 50

HAMILTON, *Mémoires du chevalier de Grammont*, 1 vol. in-16. . 3 fr. »

Cardinal DE RETZ, *Mémoires*, 4 vol., 14 fr. ; rel. . . . . 20 fr. »

SAINT-SIMON, *Mémoires* (en publication).

TALLEMANT DES RÉAUX, *Historiettes*, 5 vol. in-8, 17 fr. 50 ; rel . 27 fr. 50

Mme DE SÉVIGNÉ, *Lettres choisies*, 1 vol., 1 fr.

L'histoire et la géographie hors de France comptent, entre autres œuvres qui ont eu l'honneur de la réimpression :

CHAMPLAIN, *Carte de la Nouvelle France* (1632), 2 feuilles in-f., 40 fr. — CHARDIN, *Voyage en Perse et aux Indes* (épuisé récemment). — P. SAGARD, *Histoire du Canada*, 4 vol. petit in-8, 30 fr. — TAVERNIER, *Voyage en Perse et aux Indes* (épuisé récemment).

DE 3 A 6 FRANCS LE VOLUME

A. BIET, *les Galibis*, 1 vol. in-8. 5 fr. — PRINCESSE DACHKOFF, *Mémoires sous Catherine II*, 4 vol. in-12. . 12 fr.

SAINT-RÉAL, *Conjuration contre Venise*, 1 vol. in-32, 0 fr. 25 ; rel., 0 fr. 45. — VERTOT et SAINT-RÉAL, *Révolution du Portugal*, *Conjurations contre Venise*, *Révolution de Suède*, 1 vol. in-18, 2 fr.; rel., 3 fr.

XVIIIe SIÈCLE

Ce que *Bossuet* avait tenté de réaliser en ultramontain, dans son *Histoire universelle*, Voltaire, au siècle suivant, l'accomplit en libre-penseur dans son *Essai sur les mœurs et l'esprit des nations* qui s'étend jusqu'à l'époque de Louis XIV.

VOLTAIRE, *Essai sur les mœurs et l'esprit des Nations*, 2 vol. in-16, 2 fr. 50.

En ce qui concerne l'antiquité, l'*Histoire ancienne* et l'*Histoire romaine* de *Rollin* furent classiques à son époque ; mais déjà des écrivains comme Beaufort, *Lessing*, etc., avaient établi la critique des temps reculés où la légende se mêlait encore à la vérité traditionnelle. En France, où l'histoire et la mythologie grecques furent résumées dans le livre classique de Barthélemy, *Montesquieu* participa moins de ces erreurs et l'ouvrage où il étudie les causes de la décadence romaine peut être considéré comme un chef-d'œuvre.

DE 3 A 6 FRANCS LE VOLUME

MONTESQUIEU, *Grandeur et décadence des Romains*, 1 vol. in-16, 3 fr.

BARTHÉLEMY, *Voyage du jeune Anacharsis*, 3 vol. in-16, 3 fr. 75. — LESSING, *Laocoon*, 1 vol. in-16, 2 fr. — MARMONTEL, *Bélisaire*, 1 vol. in-32, 0 fr. 25 ; rel., 0 fr. 45. — ROLLIN, *Histoire Ancienne*, 10 vol. in-18, 20 fr.; rel., 30 fr. ; *Histoire Romaine*, 10 vol. in-18, 20 fr.; rel., 30 fr.

L'ouvrage de *Voltaire*, le *Siècle de Louis XIV*, bien qu'écrit avant son *Histoire universelle*, peut lui faire suite. C'est également un chef-d'œuvre qui se continue par le *Siècle de Louis XV*.

DE 3 A 6 FRANCS LE VOLUME

VOLTAIRE, *Siècle de Louis XIV*, 1 vol. in-18, 3 fr. 50 ; rel. . . . . 5 fr. »

VOLTAIRE, *Siècle de Louis XV*, *Histoire du Parlement*, 1 vol. in-16 1 fr. 25.

Les mémoires poursuivent l'histoire des mœurs et des petits événements, commencée d'une façon si élégante au dix-septième siècle :

BARBIER, *Journal du règne de Louis XV*, 4 vol. in-8, 36 fr. — Mme DE STAAL, *Mémoires*, 2 vol., pl., éd. d'art, 50 fr.

DE 3 A 6 FRANCS LE VOLUME

D'ARGENSON, *Mémoires*, 5 vol. 30 fr. »

DUCLOS, *Mémoires*, 1 vol. in-18. 3 fr. »

Mme D'EPINAY, *Mémoires*, 2 vol. in-18, 7 fr. ; rel. . . . . . . 10 fr. »

LINGUET, DUSSAULT, LATUDE, *la Bastille*, 1 vol. in-18. . . . 3 fr. »

DUC DE LUYNES, *Mémoires*, 17 vol. in-8 (T. III à XVII épuisés). 102 fr. »

MERCY D'ARGENTEAU, JOSEPH II et PRINCE DE KAUNITZ, *Correspondance secrète*, 2 vol. in-8. . . . 24 fr. »

Au point de vue de l'histoire des peuples modernes, c'est encore *Voltaire* qui produit les deux œuvres mémorables de cette époque :

VOLTAIRE, *Histoire de Charles XII* ; *Histoire de la Russie sous Pierre le Grand*, 1 vol. in-16, 1 fr. 25.

Pendant ce temps, l'étude des antiquités ajoute des documents à l'histoire. Herculanum et Pompéi sont exhumés. *Volney* parcourt la Syrie et l'Égypte, des navigateurs comme *Cook* et *Bougainville* font le tour du monde et rapportent des données nouvelles sur les peuples lointains de la planète encore bien ignorée.

DUMONT-D'URVILLE, *Voyage autour du monde*, 2 vol. in-8, ill., 30 fr. ; rel., 42 fr. — Empereur KIAN-LONG, *Histoire de la dynastie des Mings*, 1 vol. in-4, 10 fr.

BOUGAINVILLE, *Voyages autour du monde*, 1 vol. in-4, 2 fr. 50. — COOK, *Voyages* (en anglais), 1 vol. in-16, 2 fr. — MARMONTEL, *les Incas*, 2 vol. in-32, 0 fr. 50 ; rel. en 1, 0 fr. 90. — MOHAMMED-EFFENDI, *Tacryr*, 1 vol. in-8, 2 fr.

PREMIÈRE PARTIE DU XIXe SIÈCLE

Dans la première partie du dix-neuvième siècle, les documents géographiques étaient devenus assez abondants pour que *Malte-Brun* pût rédiger un essai complet, pour ainsi dire, de géographie universelle.

Malte-Brun, *Géographie universelle* (épuisé récemment), atlas in-folio, 16 fr.

Comme *Voltaire*, au siècle précédent, dans l'*Essai sur les mœurs et l'esprit des nations*, *Michelet* écrivit un chef-d'œuvre, l'*Introduction à l'Histoire universelle*.

DE 3 A 6 FRANCS LE VOLUME

Michelet, *Introduction à l'histoire universelle*, 1 vol. in-18, 3 fr. 50.

L'histoire ancienne s'enrichit vite des découvertes archéologiques qui furent faites à ce moment sur tous les points du globe. Avant d'écrire ses *Recherches*, *Volney* avait voyagé en Égypte. *Michelet* et *Duruy*, en écrivant leurs histoires romaines, avaient eu pour devanciers de grands érudits allemands dans la critique historique. Quand *Champollion* découvrit la signification des hiéroglyphes égyptiens, quand *de Sacy* et *Burnouf* commencèrent à déchiffrer les caractères cunéiformes des monuments assyriens, l'histoire des peuples orientaux se dépouilla vite de son mystère. C'est à partir de cette époque que l'archéologie devint une des branches véritables de l'histoire.

Champollion-Figeac, *Égypte ancienne*, 1 vol. in-18, pl. et cartes, 8 fr. — V. Duruy, *Histoire des Romains*, 7 vol. in-8, grav., 52 fr. 50 ; avec pl. col., 175 fr. ; *Histoire des Grecs*, 2 vol. in-8, 12 fr. ; en 3 avec pl. col., 75 fr. — Mommsen, *Histoire de la monnaie romaine* (épuisé récemment). — Munk, *la Palestine*, 1 vol. in-8, pl., 8 fr. — Prisse d'Avesnes, *Monuments Égyptiens*, 1 vol. in-f., pl. col., 50 fr. — Volney, *Œuvres complètes*, 1 vol. gr. in-8, 12 fr.

DE 3 A 6 FRANCS LE VOLUME

Dureau de la Malle et Vanovski, *Carthage*, 1 vol. in-8, pl. . 6 fr. »

Letronne, *Inscriptions grecques de la vallée du Nil*, 1 vol. in-4. 6 fr. »

Michelet, *Histoire romaine*, 2 vol. gr. in-18. . . . . 7 fr. »

Mommsen, *Histoire romaine*, 7 vol. in-18. . . . . 24 fr. 50

J. Reinaud, *Relations de l'empire romain avec l'Asie orientale pendant les cinq premiers siècles de l'ère chrétienne*, 1 vol. in-8, cartes . 5 fr. »

S. de Sacy, *Antiquités de la Perse et Histoire des Arabes avant Mahomet*, 1 vol. in-4, pl. . . . . . . 5 fr. »

Letronne, *Ptolémée*, 1 vol. in-8, 1 fr.

Les institutions des Romains et des Grecs furent étudiées par :

Brunet de Presles, *Recherches sur les Établissements des Grecs*, 1 vol. in-8, 10 fr. — Egger, *Études historiques sur les traités publics grecs et romains*, 1 vol. in-8, 7 fr. — Giraud, *Histoire du droit romain*, 1 vol. in-8, 7 fr. 50 — Ortolan, *Histoire de la législation romaine*, 1 vol. in-8, 8 fr.

DE 3 A 6 FRANCS LE VOLUME

J. NAUDET, *De la Noblesse chez les Romains*, 1 vol. in-8. . . . 4 fr. »

La littérature antique fut l'objet de remarquables travaux critiques qui donnèrent lieu à des commentaires et à des traductions d'esprit nouveau :

E. BURNOUF, *le Vendidad sacré* (attribué à Zoroastre), 1 vol. in-f., 100 fr. — CHAMPOLLION LE JEUNE, *Système hiéroglyphique des anciens Égyptiens*, 2 vol. in-8, pl., 20 fr. — FRANCK, *Études orientales*, 2 vol. in-8, 15 fr. — G. DE TASSY, *Histoire de la littérature indoue*, 1 vol. in-8, 15 fr.

DE 3 A 6 FRANCS LE VOLUME

J.-J. AMPÈRE, *la Grèce, Rome et Dante*, 1 vol. in-12, 3 fr. 50; in-8. 7 fr. 50

CHAMPOLLION-FIGEAC, *Annales des Lagides*, 2 vol. in-8, pl. . . 10 fr. »

DUGAS-MONTBEL, *Histoires des poésies homériques*, 1 vol. in-8 . . 2 fr. »

NISARD, *les Quatre grands historiens latins*, 1 vol. in-18 . . . 3 fr. 50

VILLEMAIN, *la République de Cicéron*, 1 vol. in-8. . . . . . . 6 fr. »

WALCKENAER, *Vie d'Horace*, 2 vol. in-18. . . . . 6 fr. »

Pour l'Europe, l'histoire de la civilisation de *Guizot* est une œuvre unique et on peut en dire autant de son histoire de la civilisation en France.

DE 3 A 6 FRANCS LE VOLUME

J.-W. DRAPER, *Histoire du développement intellectuel de l'Europe*, 3 vol. in-18 . . . . 10 fr. 50

GUIZOT, *Histoire de la civilisation en Europe*, 1 vol. in-12. . . 3 fr. 50

La méthode expérimentale appliquée à l'histoire de notre pays et les talents merveilleux d'écrivains comme *Michelet*, *Guizot*, *Aug. Thierry*, *E. Quinet* ont ajouté de purs chefs-d'œuvre à notre littérature historique. L'*Histoire de France* d'*Henri Martin* est aussi classique.

MICHELET, *Histoire de France*, 19 vol. gr. in-8, 66 fr. 50; 26 vol. in-8 cav., 195 fr. — P. ROBIQUET, *Histoire municipale de Paris*, 1 vol. in-8, 10 fr. ; rel., 12 fr.

DE 3 A 6 FRANCS LE VOLUME

GUIZOT, *Histoire de la civilisation en France*, 4 vol. in-8. . . 24 fr. »
— *Essais sur l'Histoire de France*, 1 vol. in-18, 3 fr. 50 : in-8. 6 fr. »

H. MARTIN, *Histoire de France, jusqu'en 1789*, 17 vol. in-8, grav., 102 fr.: rel. . . . . 170 fr. »

Les œuvres les plus remarquables de cette époque sur le moyen âge français sont :

J.-J. AMPÈRE, *Histoire littéraire de la France avant et sous Charlemagne*, 3 vol. in-8, 22 fr. 50. — CHAMPOLLION-FIGEAC, *Captivité du roi François Ier*, 1 vol. in-4, 12 fr. — GIRAUD, *Histoire du droit français* (épuisé récemment). — LABOULAYE et DARESTE, *Grand Coutumier de France*, 1 vol. in-8, 10 fr.

DE 3 A 6 FRANCS LE VOLUME

H. MARTIN, *les Origines de la France*, 1 vol. in-18, ill. . . . . 4 fr. »

MICHELET, *Précis de l'histoire de France au moyen âge*, 1 vol. in-18. 3 fr. 50

— *Les Origines du droit français*, 1 vol. in-18. . . . . 3 fr. 50

E. QUINET, *Philosophie de l'histoire de France*, 1 vol. in-16 . . . 3 fr. 50

RENAN et V. LECLERC, *Histoire littéraire de la France au XIVe siècle*, 2 vol. in-8. . . . . 16 fr. »

PARDESSUS, *Organisation judiciaire au moyen âge*, 1 vol. gr. in-8, 5 fr. — A. THIERRY, *Récits des temps mérovingiens*, 2 vol. in-18, 4 fr.; rel. 6 fr.; *Histoire du Tiers-Etat*, 1 vol. in-18, 2 fr.; rel., 3 fr.

Sur le moyen âge et la renaissance hors de France :

F. DE FRESNEL, *Lettre sur l'histoire des Arabes* (épuisé récemment). — MOHL, *le Livre des Rois de Firdusi*, 7 vol. in-12, 52 fr. 50. — REINAUD, *Monuments arabes, persans et turcs*, 2 vol. in-8, pl., 25 fr. — RÉMUSAT, *Relations politiques des princes chrétiens avec les Mongols*, 1 vol. in-4, pl., 8 fr. — SÉDILLOT, *Histoire générale des Arabes* (épuisé récemment).

DE 3 A 6 FRANCS LE VOLUME

BUCKLE, *Histoire de la civilisation en Angleterre*, 5 vol. in-18. . 17 fr. 50

MOTTLEY, *les Révolutions des Pays-Bas au seizième siècle*, 6 vol. in-18. 21 fr.

SISMONDI, *les Républiques italiennes* (récemment épuisé).

BIOT, *Considérations sur les anciens temps de l'histoire chinoise*, 1 vol. in-8, 2 fr. — A. THIERRY, *Conquête de l'Angleterre*, 4 vol. in-18, Tome I épuisé, les trois autres 6 fr.; rel., 9 fr.; *Dix ans d'études historiques* (épuisé récemment).

Dans le domaine de l'histoire moderne, nous retrouvons les grands noms de *Michelet*, comme, dans toutes les branches de l'histoire au dix-huitième siècle, celui de *Voltaire*.

MIGNET, *Études historiques*, 1 vol. in-8, 7 fr.

DE 3 A 6 FRANCS LE VOLUME

P. CLÉMENT, *Histoire de Colbert*, 2 vol. in-12. . . . . 8 fr. »

MICHELET, *Précis de l'histoire moderne*, 1 vol. in-18. . . . . . 3 fr. 50

SAINTE-BEUVE, *Port-Royal*, 7 vol. in-16, broch. . . . . . . 24 fr. 50

VILLEMAIN, *Études d'histoire moderne*, 1 vol. in-8 . . . . . . 6 fr. »

Pour l'histoire moderne, hors d'Europe :

DE 3 A 6 FRANCS LE VOLUME

BANCROFT, *Histoire des Etats-Unis d'Amérique*, 9 vol. in-18. . . 54 fr. »

DARGAND, *Histoire d'Olivier Cromwell*, 1 vol. in-18 . . . . . . 6 fr. »

GUIZOT, *Histoire de la République d'Angleterre* 1649-1658), 2 vol. in-12 7 fr. »

MIGNET, *Antonio Perez et Philippe II*, 1 vol. in-8 . . . . . . 6 fr. »

— *Charles-Quint*, 1 vol. in-12. 3 fr. 50

MACAULAY, *Histoire d'Angleterre depuis Jacques II*, 2 vol., 7 fr. ; rel. 10 fr. »

MOTTLEY, *Histoire des Provinces unies des Pays-Bas*, 3 vol. in-18. 18 fr. »

Enfin les histoires de la Révolution française de *Thiers*, *Henri Martin*, en passant par *Michelet* jusqu'à *Louis Blanc*, sont une même histoire suivant des nuances d'opinions républicaines, la dernière à un point de vue socialiste.

JOMINI, *les Guerres de la Révolution* (documentaire), 15 vol. in-8, 171 fr. — LAMARTINE, *les Girondins*, 4 vol. in-8, 30 fr. — VAULABELLE, *les Deux Restaurations* (1813-1830), 10 vol. in-8, ill., 120 fr.

DE 3 A 6 FRANCS LE VOLUME

LOUIS BLANC, *Histoire de la Révolution*, 12 vol. in-8, 60 fr. ; rel. 87 fr. »

— *Histoire de dix ans* (1830-1840), 5 vol. in-8. . . . . . . 25 fr. »

LAMARTINE, *Révolution de 1848*, 2 vol. in-18, 7 fr. ; rel. . . . 11 fr. »

H. MARTIN, *Histoire de France depuis 89*, 8 vol. in-8, grav., 48 fr. ; rel. 68 fr. »

MICHELET, *Histoire de la Révolution*, 10 vol. in-18, grav. . . 35 fr. »

MIGNET, *Histoire de la Révolution*, 2 vol. in-18, 4 fr. ; rel. . . . . 6 fr. »

NAPOLÉON, *Mémoires* (documentaire), 5 vol. in-18. 17 fr. 50 ; rel. 27 fr. 50

Mme DE STAEL, *Considérations sur la Révolution française* (documentaire), 2 vol., 7 fr. ; rel. . . . 10 fr. »

— *Mémoires*, *Dix années d'exil*, 7 vol. in-18, 24 fr. 50 ; rel. . . 35 fr. »

THIERS, *Histoire de la Révolution*, 4 vol. gr. in-8, ill., 40 fr. ; édit. populaire, 2 vol. gr. in-8, 22 fr. ; rel. 30 fr. »

— *Histoire du Consulat et de l'Empire*, 21 vol. in-18, ill., 125 fr. ; rel., 172 fr. 50 ; édit. populaire, 5 vol. gr. in-8, 48 fr. : rel. . . . . 68 fr. »

CHAMFORT (*Tableaux de la Révolution*), dans ses *Œuvres*, 3 vol. in-32, 0 fr. 75 ; rel. en 2, 1 fr. 80. — Mme ROLAND, *Mémoires*, 4 vol. in-32, 1 fr. ; rel. en 2. 1 fr. 80.

Voyages et études concernant les peuples lointains :

JACQUEMONT, *Voyage dans l'Inde*, 6 vol. in-4, pl., 360 fr. Tome I (épuisé). — D'ORBIGNY, *Voyage dans les deux Amériques*, 1 vol. in-8, grav. et cartes, 15 fr., rel. 21 fr. — S. DE SACY, *Grammaire arabe* (épuisé récemment).

DE 3 A 6 FRANCS LE VOLUME

CHATEAUBRIAND, *Voyages en Amérique, en Italie, en Suisse*, 1 vol. in-8. grav., 6 fr. ; rel. . . . . . . 10 fr. »

G. TIMKOWSKI, *Voyage à travers la Mongolie* (1820-1821), 2 vol. in-8, av. atl. . . . . 12 fr. »

XIXe SIÈCLE, SECONDE PARTIE JUSQU'A NOUS

Après *Malte-Brun*, dans cette partie du siècle, *Élisée Reclus* a réalisé le monument de la *Géographie universelle*. Cette œuvre dépasse, tant par son importance que par sa valeur, tous les essais précédents.

Élisée **Reclus**, *Géographie universelle*, 19 vol. in-8, grav. et cart., 535 fr. ; rel., 668 fr. ; *la Terre et les Continents*, 1 vol. in 8, cartes, 15 fr. ; rel., 20 fr. — **Vogel**, *le Monde terrestre*, 5 vol. in-8, 66 fr. ; rel., 72 fr.

Sieurin, *Notre Globe*, 1 vol. in-18, fig., 2 fr.

Directeur du musée Boulaq, après de nombreuses découvertes archéologiques, *Maspero* a écrit une très remarquable *Histoire ancienne*.

DE 3 A 6 FRANCS LE VOLUME

Maspero, *Histoire ancienne des peuples d'Orient*, 1 vol. in-16, ill., 6 fr. ; en 3 vol. in-8, ill., 90 fr. ; rel., 111 fr.

A. **Weber**, *Panorama des siècles*, 1 vol. in-16, fig. et pl., 1 fr. 50; rel., 2 fr

---

L'Égypte, inconnue ou à très peu près des nations qui furent contemporaines de sa civilisation, nous est, dans son histoire, devenue familière, grâce aux découvertes archéologiques de *Mariette-Pacha*, de *Maspero*, etc.

O. **Beauregard**, *Origine égyptienne de l'alphabet phénicien*, 1 vol. in-8, 10 fr. — F. **Chabas**, *Mélanges égyptologiques*, 2 vol. in-8, pl., 38 fr. — *Études sur l'antiquité historique*, 1 vol. in-8, pl., 25 fr. — **Grebaut**, *Hymne à Ammon-Ra*, 1 vol. gr. in-8, 22 fr. — **Mariette-Pacha**, *Abydos*, 1 vol. in-f., pl. col., 120 fr. ; *le Sérapeum*, 1 vol. in-f., 55 fr. (en publication). — *Denderah*, 5 vol. in-f., 200 fr. — J. **Morgan**, *Recherches sur les origines de l'Égypte*, 2 vol. in-8, ill., 45 fr.

DE 3 A 6 FRANCS LE VOLUME

Amelineau, *Résumé de l'histoire de l'Egypte*, 1 vol. in-18, ill. . 3 fr. 50

Max Duncker, *les Egyptiens*, 1 vol. in-18. . . . . 6 fr. »

Maspero, *Archéologie égyptienne*, 1 vol. in-4, fig., 3 fr. 50 ; rel. . 6 fr. »

E. **Révillout**, *Economie politique de l'ancienne Egypte*, 1 vol. in-4. 100 fr. »

O. **Beauregard**, *l'Antiquité du fer en Égypte*, 1 vol. in-8, 2 fr. 50. — P. **Gueysse**, *l'Égypte ancienne et la franc-maçonnerie*, 1 vol. in-8, 1 fr. — E. **de Rougé**, *Extrait d'un mémoire sur les attaques contre l'Égypte, des Méditerranéens, 1.500 ans avant J.-C.*, 1 vol. in-8, 2 fr. — A. **Weber**, *Panorama des Siècles*, 1 vol. in-16, fig. et pl., 1 fr. 50. ; rel., 2 fr.

Sur l'épigraphie, l'archéologie et l'histoire du nord de l'Afrique en dehors de l'Égypte :

A. **Balu**, *les Ruines de Timgad*, 1 vol. in-8, ill., 15 fr. — **Cagnat**, *l'Armée romaine d'Afrique*, 1 vol. in-4, 40 fr. — Gal **Faidherbe**, *Collection complète des Inscriptions numidiques*, 1 vol. in-8, pl., 12 fr. — **Rénier**, *Inscriptions romaines de l'Algérie*, 1 vol. in-4, 18 fr.

E. **Babelon**, *Carthage*, 1 vol. in-18, 3 fr.

On est arrivé, grâce à *Oppert*, à reconstituer la grammaire assyrienne. *Menant*, *Gobineau*, etc., ont déchiffré les inscriptions de Babylone et les fouilles accomplies par *de Sarzec* ont achevé d'éclairer l'histoire de la Chaldée.

A. DE GOBINEAU, *Lecture des textes cunéiformes*, 1 vol. in-8, 7 fr. — J. HALÉVY, *Mélanges de critique et d'histoire relatifs aux peuples sémitiques*, 1 vol. gr. in-8, 25 fr.; *Documents religieux de l'Assyrie et de la Babylonie*, 1 vol. in-8, 12 fr.; — F. LENORMANT, *la Langue primitive de la Chaldée*, 1 vol. gr. in-8, pl., 25 fr. — J. MENANT, *Babylone et la Chaldée*, 1 vol. gr. in-8, cartes, 15 fr.; *Annales des rois d'Assyrie*, 1 vol. gr. in-8, cartes, 15 fr. — OPPERT et MENANT, *Documents juridiques de l'Assyrie*, 1 vol. in-8, 20 fr.; *Mémoires sur les rapports de l'Egypte et de l'Assyrie dans l'antiquité*, 1 vol. in-4, 12 fr. —, DE SARZEC et HEUZEY, *Découvertes en Chaldée*, 4 liv. in-f., 120 fr. en publication.

DE 3 A 6 FRANCS LE VOLUME

F. LENORMANT, *les Sciences occultes en Chaldée*, 1 vol. in-18. . . 11 fr. 50

OPPERT, *Eléments de la grammaire assyrienne*, 1 vol. in-8. . 8 fr. »

Archéologues, épigraphistes, écrivains s'efforcent de pénétrer les secrets des temps antiques, en Phénicie, en Palestine, en Asie Mineure où *Schliemann* découvre Tirynthe et Ilios, l'ancienne cité des Troyens.

BOURGADE, *Toison d'or de la langue phénicienne*, 1 vol. in-f., pl., 55 fr.— E. CHANTRE, *Mission en Cappadoce*, 1 vol. in-4, pl. col., 50 fr. — DERENBOURG, *Essai sur l'histoire de la Palestine d'après les sources rabbiniques* (récemment épuisé). — J. HALÉVY, *Mélanges de critique et d'histoire relatifs aux peuples sémitiques*, 1 vol. gr. in-8, 25 fr. — G. PERROT, *Souvenirs d'un voyage en Asie Mineure*, 1 vol. in-8, 7 fr. 50. — RENAN, *Histoire du peuple d'Israël*, 5 vol. in-8, 37 fr. 50; *Mission de Phénicie* (1860-1862), 1 vol. in-4, texte et vol. in-f., pl., 200 fr.; *Vie de Jésus*, 1 vol. in-8, 7 fr. 50. — SCHLIEMANN, *Ilios, ville des Troyens* (épuisé récemment); *Tirynthe*, 1 vol. gr. in-8, fig. et pl. col., 32 fr.; rel., 40 fr. — A. THOMAS, *Milet et le Golfe Latamique*, 5 liv. in-4 (en publication), 125 fr. — M. DE VOGUÉ, *Architecture de la Syrie Centrale*, 2 vol. in-4 pl., 150 fr.

DE 3 A 6 FRANCS LE VOLUME

JUDAS, *Étude de la langue phénicienne*, 1 vol. in-4, pl. . . . . 5 fr. »

L. LÉVY, *la Famille dans l'antiquité israélite*, 1 vol. in-8. . . 5 fr. »

POTTIER, *Étude sur les Lecythes blancs attiques*, 1 vol. in-8, pl. col. 6 fr. »

RUELLE, *De la Vérité dans l'histoire du christianisme*, 1 vol. in-8 . 6 fr. »

S. DE SACY, *Mémoires sur l'histoire des Arabes avant Mahomet et antiquité de la Perse*, 1 vol. in-4. 5 fr. »

CLERMONT-GANNEAU, *la Palestine inconnue*, 1 vol. in-18, 2 fr. 50. — RENAN, *De la part des Peuples sémitiques dans l'histoire de la civilisation*, brochure, 1 fr.

Les antiquités de la Perse sont exhumées par les missions *Dieulafoy*, *Morgan*, etc. *J. Mohl* traduit le *Livre des Rois* de *Firdusi*.

DIEULAFOY, *l'Acropole de Suse*, 4 parties in-4, gr. bois et pl. col., 100 fr. — J. MOHL, *Vingt-sept ans d'études orientales*, 2 vol. in-8, 15 fr. ; *Traduction du livre des Rois de Firdusi*, 7 vol. in-12, 52 fr. 50. — J. DE MORGAN, *Mission scientifique en Perse* (partie archéologique), 2 vol. in-4, ill., 60 fr. — J. OPPERT, *le Peuple et la langue des Mèdes*, 1 vol. in-8, 10 fr.

Pour l'Inde, *Burnouf* a écrit son *Introduction à l'histoire du bouddhisme*. Des traductions des œuvres sanscrites ont été données par :

BERGAIGNE, *la Religion védique d'après les hymnes du Rig-Veda*, 4 vol. in-8 (épuisé récemment). — E. BURNOUF, *Introduction à l'histoire du Boudhisme*, 1 vol. gr. in-8, 20 fr. — FOUCAUX, *Traduction du Maha-Barata*, 1 vol. in-8, 7 fr. 50.

DE 3 A 6 FRANCS LE VOLUME

FAUCHE, *Traduction de Ramanaya, poème de Valmikg*, 1 vol. in-16, 3 fr. 50.

REGNAULT, *Étude sur les poètes sanscrits de l'époque classique*, 1 vol. in-18, 2 fr.

Pour la Chine et le Japon :

CHANG HAI KING (ancienne géographie), trad. Rosny, 1 vol. in-8, 30 fr. — CHOU KING (anciennes annales), trad. Couvreur, 1 vol. in-8, 20 fr. — FOURNEREAU, *les Ruines d'Ang-Kor*, 1 vol. in-4, pl., 50 fr.

DE 3 A 6 FRANCS LE VOLUME

L. DE ROSNY, *Extraits des historiens du Japon*, 3 fasc. in-8. . 18 fr. » — *Les Peuples de l'archipel indien connus des anciens géographes chinois et japonais*, 1 vol. in-4, pl. . 3 fr. »

Enfin, concernant l'Amérique antique :

BRASSEUR DE BOURBOURG, *Histoire des nations civilisées du Mexique avant Colomb*, 4 vol. gr. in-8, 70 fr. — DE CHARNEY, *les Anciennes Villes du Nouveau-Monde*, 1 vol. gr. in-8, cartes, 30 fr. — L. DE ROSNY, *Essai sur le déchiffrement de l'écriture hiératique de l'Amérique centrale*, 1 vol. in-8, 15 fr.; in-fol., pl. col., 100 fr.

DE 3 A 6 FRANCS LE VOLUME

BRASSEUR DE BOURBOURG, *S'il existe des sources de l'histoire primitive du Mexique en Egypte et réciproquement*, 1 vol. in-8. . . . 6 fr. »

DE CHARENCEY, *Études sur les origines asiatiques de la civilisation américaine*, 1 vol. in-8. . . . 4 fr. »

WIENER, *Notice sur le communisme des Incas*, 1 vol. in-8, 2 fr.

Sur l'histoire de la Grèce, une œuvre remarquable parmi les plus récentes est celle de *Duruy* et *Assoulier*. *Fustel de Coulan-*

ges a fait revivre la cité antique. Au point de vue de ses monuments, de ses institutions et de ses mœurs, la Grèce a été étudiée de fond en comble depuis le dix-neuvième siècle, tant en France qu'à l'étranger.

Beulé, *l'Acropole d'Athènes*, 1 vol. in-8, 8 fr. — Brunet de Presles, *Établissements des Grecs en Sicile*, 1 vol. in-8, 10 fr. — E. Burnouf, *la Ville et l'Acropole d'Athènes*, 1 vol. gr. in-8, pl., 10 fr. — Collignon, *Histoire de la sculpture grecque*, ill., t. I (avant le ve siècle) épuisé récemment, t. II, 30 fr.; rel., 40 fr. — E. Curtius, *Histoire grecque*, 5 vol. in-8, 37 fr. 50. — Decharme, *la Mythologie de la Grèce antique*, 1 vol. gr. in-8, grav. col., 12 fr.; rel., 16 fr. — Egger, *Traités publics chez les Grecs et chez les Romains*, 1 vol. in-8, 7 fr. — Gewaert, *la Mélopée antique dans le chant liturgique*, 1 vol. in-8, 25 fr. — L. Heuzey, *le Mont Olympe et l'Acarnanie* (épuisé récemment). — Hertzberg, *la Grèce sous la Domination romaine*, 3 vol. in-8, 30 fr. — G. Perrot, *le Droit public d'Athènes*, 1 vol. in-8, 10 fr.; G. Perrot et Chipiez, *Histoire de l'Art dans l'antiquité*, 9 vol. in-8, pl., 270 fr. ; rel. 333 fr. (en publication). — J. Soury, *Études historiques sur l'Asie antérieure et la Grèce*, 1 vol. in-8, 7 fr. 50. — Wescher et Foucart, *Inscriptions recueillies à Delphes* (épuisé récemment).

DE 3 A 6 FRANCS LE VOLUME

Babelon, *Archéologie orientale*, 1 vol. in-4, ill., 3 fr. 50; rel. . . . 6 fr. »

L. Benlœw, *la Grèce avant les Grecs*, 1 vol. in-8. . . . . . 5 fr. »

A. Dumont, *la Vie municipale en Attique* (ive siècle), 1 vol. in-8. 5 fr. »

Fustel de Coulanges, *la Cité antique*, 1 vol. in-16. . . . . . 3 fr. 50

J. Girard, *Études sur le sentiment religieux en Grèce* (épuisé récemment).

G. Grote, *Histoire de la Grèce jusqu'à la fin d'Alexandre le Grand*, 19 vol. in-8. . . . . 114 fr. »

P. Guiraud, *la Propriété foncière en Grèce* (épuisé récemment).

T. Homolle, *Archives de Délos*, 1 vol. in-8, pl. . . . . 5 fr. 50

H. Lechat, *le Temple grec*, 1 vol. in-18, ill. . . . . 5 fr. »

A. Lefèvre, *la Grèce antique*, 1 vol. in-12, 6 fr.; rel. . . . . 6 fr. 75

Ménard, *Sculpture antique et moderne*, 1 vol. in-12 (épuisé récemment).

Rayet, *Histoire de la céramique grecque* (épuisé récemment).

G. de Rialle, *la Mythologie comparée*, 1 vol. in-12, 3 fr. 50; rel. 4 fr. »

C.-E. Ruelle, *Auteurs grecs relatifs à la musique*, 7 vol. (tome I épuisé), les six derniers. . . . 17 fr. »

P. Tannery, *Géométrie grecque*, 1 vol. gr. in-8, fig. . . . . . . 4 fr. 50

T. Homolle, *les Archives de l'intendance sacrée à Délos*, 1 vol. in-8, pl., 5 fr. 50. — Caillemer, *Étude sur les Antiquités juridiques de la Grèce* (épuisé récemment). — Dareste, *Du Prêt à la grosse chez les Athéniens*, 1 vol. in-8, 1 fr. 50. — Gewaert, *Appendice de la mélopée antique*, 1 vol. in-8, 2 fr. — Th. Martins, *la Cosmogonie grecque*, 11 broch., 35 fr. 50.

Rome a donné matière à un nombre moins considérable d'écrits. *Guiraud*, *Lacour-Gayet*, *Duruy* ont écrit récemment des histoires romaines dignes d'intérêt. *Weichardt* a reconstitué Pompéi. *Napoléon III* lui-même est l'auteur d'une histoire de Jules César.

J.-J. Ampère, *l'Empire romain à Rome*, 2 vol. in-8, 15 fr.; *l'Histoire romaine à Rome*, 4 vol. in-8, pl., 30 fr. — V. Duruy, *Histoire des Romains*, 7 vol. in-8, 52 fr. 50; avec pl. col., 175 fr. — Friedländer, *Mœurs romaines du règne d'Auguste*, 4 vol. in-8, 28 fr.; rel., 35 fr. — Mommsen, *le Droit public romain*, 8 vol. gr. in-8, 80 fr. — Napoléon III, *Histoire de Jules César* (documentaire), 2 vol. gr. in-8, av. atl., 30 fr. — Renan, *Marc-Aurèle*, 1 vol. in-8, 7 fr. 50. — C. Weichardt, *le Palais de Tibère et les édifices romains de Capri*, 1 vol. in-4, pl., 12 fr. 50.

DE 3 A 6 FRANCS LE VOLUME

C. Casati, *Origines étrusques du droit romain*, 1 vol. in-8 . . . 3 fr. »

Guiraud et Lacour-Gayet, *Histoire romaine*, 1 vol. in-12 fig. et cartes 5 fr. »

A. Lefèvre, *les Etrusques*, 1 vol. in-8 4 fr. »

C. Weichardt, *Pompéi avant sa destruction*, 1 vol. in-8, pl. . 4 fr. »

Quant à la Gaule, les études celtiques ont éclairé ses traditions. Sa géographie, sa religion, son idiome ont été reconstitués et nous ne sommes incertains que sur les origines trop obscures de ses habitants primitifs.

A. Bertrand et S. Reinach, *la Religion des Gaulois*, 1 vol. in-8, fig. et pl., 10 fr.; Bertrand, *les Celtes dans la Vallée du Pô et du Danube*, 1 vol in-8, ill., 7 fr. 50. — Bladé, *Étude sur l'origine des Basques*, 1 vol. in-8, 10 fr. — A. de Broglie, *l'Église et l'Empire romain* (documentaire). — T. Habert, *la Poterie antique parlante*, 1 vol. in-4, av. alb., 45 fr. — P.-L. Lemière, *Recherche des peuples anciens appartenant à la race celtique*, 1 vol. in-8, 10 fr. — A. Longnon, *Géographie de la Gaule au VIe siècle*, 1 vol. in-8, av. atl., 15 fr. — Roget de Belloguet, *Ethnogénie gauloise*, 1 vol. in-8, pl., 30 fr. — Amédée Thierry, *Histoire de la Gaule*, 2 vol. in-8, 15 fr.; *Histoire des Gaulois*, 2 vol. in-8, 15 fr.

DE 3 A 6 FRANCS LE VOLUME

Arbois de Jubainville, *Cours de littérature celtique*, 12 vol. in-8. 96 fr. »

P. Broca, *Sur l'origine et la répartition de la langue basque*, 1 vol. in-8, cartes et pl. . . . . . 2 fr. 55

E. Desjardins, *Géographie de la Gaule romaine*, 4 vol. in-8, cartes et pl. 80 fr. »

Gaidoz, *Études de mythologie gauloise*, 1 vol. in-8, fig. et pl. . . . 4 fr. »

C. Jullian, *Vercingétorix*, 1 vol. in-16, fig. et pl. . . . . . . 3 fr. 50

La Villemarqué, *la Légende celtique*, 1 vol. in-12, 3 fr. 50; in-8. 6 fr. »

Monin, *Idiomes gaulois*, 1 vol. in-8 6 fr. »

G. de Mortillet, *Formation de la nation française*, 1 vol. in-8, grav. et cartes. . . . . . . 6 fr. »

S. Reinach, *Histoire du travail en Gaule à l'exposition de 1889*, 1 vol. in-18, pl. 3 fr. 50

F. Robiou, *Histoire des Gaulois d'Orient*, 1 vol. in-8 . . . . . 6 fr. »

E. Bonneau, *la Gaule d'Homère*, 1 vol. in-12, 0 fr. 75. — P. Broca, *Origine et répartition de la langue basque*, 1 vol. in-8, 2 fr. 55. —

A. Lefèvre, *les Gaulois*, 1 vol. in-18, grav., 2 fr. — S. Reinach, *les Gaulois dans l'art antique*, 1 vol. in-8, fig. et pl., 2 fr.

Il serait trop long toutefois d'accorder une mention spéciale à tous les efforts contemporains très récents ayant pour but d'éclairer l'histoire de clartés nouvelles. Les noms des principaux créateurs s'y répéteraient. Nous nous contenterons de mentionner les œuvres les plus remarquables dans chaque branche de son étude.

Sur l'Europe du moyen âge :

A. Himly, *Histoire de la formation territoriale de l'Europe*, 2 vol. in-8, 15 fr. — M. Lachatre, *Histoire des Papes*, 3 vol. gr. in-4, ill., 30 fr.; rel., 40 fr.

DE 3 A 6 FRANCS LE VOLUME

Bemont et Monod, *Histoire de l'Europe* (395-1270), 1 vol. in-12, ill., 5 fr. »

Sur la géographie et l'histoire de la France à la même époque :

Arbois de Jubainville, *Histoire des comtes de Champagne* (épuisé récemment). — A. Challamel, *Histoire de la liberté en France*, 2 vol. in-8, 15 fr. — C. de Cherrier, *Histoire de la lutte des papes et des empereurs*, 3 vol. in-8, 8 fr.; grav., 10 fr. — A. Jacobs, *Géographie de Grégoire de Tours*, 1 vol. in-8, cartes, 7 fr. — C.-H. Langlois, *Histoire du règne de Philippe le Hardi*, 1 vol. in-8, 7 fr. 50. — E. Lavisse, *Histoire de France*, 18 vol. petit in-4, 108 fr. — A. Leroux, *Recherches sur les relations politiques de la France et de l'Allemagne au XIIIe siècle*, 2 vol. gr. in-8, 15 fr. — A. Longnon, *Atlas historique de la France depuis César jusqu'au XIVe siècle*, 15 pl. gr. in-f°, avec texte gr. in-8, 34 fr. 50. — Luce, *Histoire de la Jacquerie*, 1 vol. in-8, 15 fr.; *Histoire de Jeanne d'Arc*, 1 vol. in-16, 3 fr. 50. — — A. Luchaire, *les Communes françaises à l'époque des Capétiens directs*, 1 vol. in-8, 7 fr. 50. — G. Monod, *Études d'histoire du moyen âge*, 1 vol. gr. in-8, 20 fr. — G. Paris, *Histoire poétique de Charlemagne*, 1 vol. gr. in-8, 20 fr.

DE 3 A 6 FRANCS LE VOLUME

H.-C. Léa, *Histoire de l'Inquisition*, 3 vol. in-18, trad. Reinach. 10 fr. 50 ; G. Picot, *Histoire des États généraux*, 5 vol. in-16. . . . . . 17 fr. 50

E. Delisle, *Fragments inédits de l'Histoire de Louis XI*, 1 vol. in-4, pl., 2 fr. 60. — Hauréau, *Charlemagne et sa Cour*, 1 vol. in-16, 1 fr. 25. — C.-H. Langlois, *l'Inquisition*, 1 vol. in-18, 1 fr. — Michelet, *Jeanne d'Arc*, 1 vol. gr. in-8, 3 fr. 50; *Louis XI et Charles le Téméraire*, 1 vol. gr. in-8, 3 fr. 50; *Étienne Marcel*, 1 vol. gr. in-8, 3 fr. 50. — G. Toudouze, *la Conquête des mers*, 1 vol. in-16, fig. et pl., 1 fr. 50 ; rel., 2 fr.

Sur la littérature, les arts, les idiomes, les mœurs, etc., de la France du moyen âge :

Clédat, *Glossaire du vieux français* (épuisé récemment). — De Coussemaker, *la Musique du moyen âge* (épuisé récemment); *l'Harmonie aux XIIe et XIIIe siècles*, 1 vol. in-4, 75 fr. — H. Donial, *Histoire des classes rurales*, 1 vol. in-8, 7 fr. 50. — Dulaure et Batissier, *Histoire de Paris* (épuisé récemment). — E. Étienne, *Grammaire de l'ancien français*, 1 vol. in-8, 12 fr. — G. Fagniez, *l'Industrie à Paris aux XIIIe et XIVe siècles*, 1 vol. in-8, 12 fr. — Fauriel, *Histoire de la Poésie provençale*, 3 vol. in-8, 24 fr. — F. Godefroy, *Dictionnaire de l'ancienne langue française du IXe au XVe siècle*, 10 vol. in-4, les 8 premiers parus, 240 fr. (en publication). — Jacquemart, *Histoire du mobilier*, 1 vol. in-8, eau-f., 30 fr.; rel., 37 fr. — P. Lacroix (bibliophile Jacob), *les Arts au moyen âge* (épuisé récemment); *Mœurs du moyen âge*, 1 vol. in-4, grav. et pl., 30 fr.; rel., 40 fr.; *Sciences et lettres au moyen âge*, 1 vol. in-4, grav. et pl., 30 fr.; rel., 40 fr.; *Vie religieuse et militaire au moyen âge*, 1 vol. in-4, grav. et pl., 30 fr.; rel., 40 fr. — P. Meyer, *Documents de l'ancienne littérature de la France* (épuisé récemment). — Müntz, *Histoire de l'Art en Italie*, pl. col. t. I (épuisé), les 2 derniers, 90 fr.; — H. Pigeonneau, *Histoire du commerce de la France au moyen âge*, 2 vol. in-8, 15 fr. — J. Quicherat, *Histoire du costume en France*, 1 vol. in-8, grav., 20 fr.; rel., 25 fr. — D. Ramée, *Histoire de l'architecture*, 2 vol. in-8, grav., 30 fr. — A. Thomas, *Essai de philologie française*, 1 vol. in-8, 7 fr. — Viollet-le-Duc, *Dictionnaire de l'architecture*, 300 fr.; *Dictionnaire du mobilier*, 300 fr.

DE 3 A 6 FRANCS LE VOLUME

Dareste de la Chavannes, *Histoire de l'administration*, 2 vol. in-8. 10 fr. »

Hoefer, *Histoire des sciences*, 5 vol. in-16. . . . . 20 fr. »

Littré, *Histoire de la langue française*, 2 vol. in-12. . . . . . 7 fr. »

P. Mérimée, *les Arts au moyen âge*, 1 vol. in-18. . . . . . 3 fr. 50

G. Paris, *la Poésie du moyen âge*, 2 vol. in-16. . . . . . 7 fr. »

P. de Julleville, *Histoire du théâtre en France*, 1 vol. in-18. . 3 fr. 50

A. de Caumont, *Abécédaire d'archéologie* (épuisé récemment). — P. Meyer, *le Langage de Die au XIIIe siècle*, 1 vol. gr. in-8, 2 fr. — Élie Reclus, *Origines magiques de la médecine*, broch. in-8, 1 fr. 50.

Sur le moyen âge européen, hors de France :

J. Bryce, *le Saint-Empire romain germanique*, 1 vol. in-8, 8 fr. — Burckhardt, *Histoire de la Renaissance en Italie*, 2 vol. in-8, 15 fr. — G. Clausse, *les Monuments du Christianisme au moyen âge*, 3 vol. in-8, fig. et pl., 45 fr. — Gasquet, *l'Empire byzantin*, 1 vol. in-8, 10 fr. — Jusserand, *Histoire littéraire du peuple anglais*, 1 vol. in-8, 7 fr. 50. — Müntz, *la Renaissance en Italie* (épuisé récemment). — Perrens, *Histoire de Florence*, 1 vol. in-8, 7 fr. 50. — J. Saint-Martin, *Histoire de l'Arménie*, 1 vol. in-8, 7 fr. 50. — A.-C. Sturdza, *la Terre et la Race roumaine depuis ses origines*, 1 vol. in-8, ill., 20 fr. — G. Thomas, *les Révolutions de Florence*, 1 vol. in-8, 7 fr. 50. — C. Yriarte, *les Arts en Italie*, 1 vol. in-f°, pl., 200 fr.

DE 3 A 6 FRANCS LE VOLUME

GEBHART, *L'Italie mystique*, 1 vol. in-16. . . . . 3 fr. 50

E. LAVISSE, *Études sur l'histoire de la Prusse*, 1 vol. in-16. . 3 fr. 50

BAYET, *l'Art byzantin*, 1 vol. in-4, 3 fr. 50; rel. . . . . . . 4 fr. 50

J. ZELLER, *Histoire résumée d'Italie depuis la chute de l'empire romain*, 1 vol. in-16, ill., 5 fr.; rel. 6 fr. 50

— *Histoire résumée d'Allemagne*, 1 vol. in-12. . . . . 4 fr. »

D. BIKELAS, *les Grecs au moyen âge*, 1 vol. in 12, 2 fr. 50.

Sur le moyen âge hors d'Europe :

AMELINEAU, *Monuments pour servir à l'histoire de l'Égypte chrétienne aux IV*e *et V*e *siècles*, 1 vol. in-4, 60 fr. — J. LA BEAUNE, *le Koran*, 1 vol. gr. in-8, 20 fr. — DIEHL, *l'Afrique byzantine*, 1 vol. in-8, fig. et pl., 20 fr. — G. DUMOUTIERS, *Légendes historiques de l'Annam et du Tonkin*, 1 vol. in-8, 7 fr. 50. — SÉDILLOT, *Histoire des Arabes* (épuisé récemment); TRUONGH-VINH-KI, *Histoire de l'Annam*, 2 vol. in-12, 10 fr.

DE 3 A 6 FRANCS LE VOLUME

LAMAIRESSE et DUJARRIC, *Vie de Mahomet*, 2 vol. in-12. . . 10 fr. »

A. MARRE, *Histoire des rois de Passey* (Sumatra). 1 vol. in-8. . 5 fr. »

REY, *les Colonies franques de Syrie*, 1 vol. in-8. . . . . . 5 fr. »

E. BEAUVAIS, *Découvertes des Scandinaves en Amérique au XII*e *et au XIII*e *siècle*, broch. in-8, 2 fr. 50. — M. DERENBOURG, *Science des Religions et Islamisme*, 1 vol. in-8, 2 fr. 50. — H.-L. FEER, *la Puissance et la Civilisation mongole au XIII*e *siècle*, 1 vol. in-8, 2 fr. — A. MARRE, *Histoire des rois de Malaka*, 1 vol. in-8, 1 fr. 50. — MAS-LATTRIE, *Anciens évêchés d'Afrique*, 1 vol. in-8, 2 fr. 50. — VIVIEN DE SAINT-MARTIN, *Géographie orientale au moyen âge, du VII*e *au XV*e *siècle*, 1 vol. in-8, 2 fr.

Sur l'histoire moderne de l'Europe :

DE 3 A 6 FRANCS LE VOLUME

BLONDOIS et DUFAYARD, *Histoire de l'Europe* (1270-1610). 1 vol. in-12, ill. 5 fr.

DURUY et LACOUR, *Histoire de l'Europe* (1610-1789), 1 vol. . . 5 fr.

Les auteurs qui suivent ont écrit *sur la France moderne :*

DUC D'AUMALE, *Histoire des Princes de Condé* (documentaire), 7 vol. in-8, 52 fr. 50; avec atlas, 57 fr. 50. — D'AVENEL, *Paysans et ouvriers, depuis 700 ans*, 6 vol. in-8, 42 fr. — A. DES CILLEULS, *Histoire et régime de la grande industrie en France, aux XVII*e *et XVIII*e *siècles*, 1 vol. in-8, 8 fr. — V. COUSIN, *Histoire des grandes dames du XVII*e *siècle* (épuisé récemment). — G. HANOTAUX, *Histoire du cardinal de Richelieu*, 2 vol. in-8, fig. et cartes, 21 fr. — LICHTENBERGER, *le Socialisme au XVIII*e *siècle*, 1 vol. in-8, 7 fr. 50 (en publication). — MOREAU DE JONNÈS, *État économique de la France de Henri IV à Louis XIV*, 1 vol. in-8, 7 fr.

DE 3 A 6 FRANCS LE VOLUME

A. Feillet, *Histoire de la misère pendant la Fronde*, 1 vol. in-12 4 fr. »

Hervé, *Histoire de France*, 1 vol. in-16 . . . . 4 fr. »

E. Pelletan, *Décadence de la monarchie française*. 1 vol. in-8. 3 fr. »

Rocquain, *l'Ancienne France*, 1 vol. in-12 (documentaire). . . 3 fr. 50

C. Rousset, *Histoire de Louvois* (documentaire), 4 vol. in-12 . 14 fr. »

Taine, *Origines de la France contemporaine*, 12 vol. in-16. . . 42 fr. »

O. Tixier, *les Théories sur la souveraineté aux États généraux de 1614*, 1 vol. . . . . 3 fr. »

L'*Histoire moderne hors de France* nous a valu :

G.-R. Green, *Histoire du peuple anglais*, trad. Monod, 2 vol. in-8, 16 fr. — Schefer, *l'État de Perse en 1660* (épuisé récemment). — Stern, *Histoire des commencements de la République des Pays-Bas* (1581-1625), 1 vol. in-8, 7 fr. 50. — E. Veron, *Histoire de la Prusse* (de Frédéric II à Sadowa), 1 vol. in-12, 3 fr. 50.

DE 3 A 6 FRANCS LE VOLUME

L. Asseline, *Histoire de l'Autriche depuis Marie-Thérèse*, 1 vol. in-12 3 fr. 50

Daendliker, *Histoire du peuple suisse*, 1 vol. in-8. . . . . 5 fr. »

Lavisse, *Études sur l'histoire de Prusse*, 1 vol. in-16. . . 3 fr. 50

L. Léger, *Russes et Slaves*, 3 vol. in-16. . . . . 10 fr. 50

Général Manstein, *Mémoires politiques sur la Russie au dix-huitième siècle*, 2 vol. in-12. . . . 8 fr. »

A. Rambaud, *Histoire de la Russie*, 1 vol. in-16, 6 fr. ; rel. . 7 fr. 50

H. Reynold, *Histoire de l'Espagne depuis Charles III*, 1 vol. in-12 3 fr. 50

A. Waddington, *la République des Provinces-Unies*, 2 vol. in-8. . 12 fr. »

Pour l'*Histoire de l'Europe contemporaine depuis la Révolution*, il faut lire :

Debidour, *Histoire diplomatique de l'Europe* (1815-1878), 2 vol. in-8, 18 fr. — Seignobos, *Histoire politique de l'Europe contemporaine*, 1 vol. in-8, 12 fr. ; rel., 16 fr. — H. de Sybel, *Histoire de l'Europe pendant la Révolution française*, 6 vol. in-8, 42 fr.

DE 3 A 6 FRANCS LE VOLUME

Ducoudray, *Histoire contemporaine* (1789-1889), 1 vol. in-16. . . 6 fr. »

Gervinus, *Histoire du dix-neuvième siècle*, 23 vol. in-8. . . . 138 fr.

Ont écrit *sur la Révolution, l'Empire, la Restauration, notre temps en France :*

Aulard, *Histoire politique de la Révolution française*, 1 vol. in-8, 12 fr. ; rel., 16 fr. — L. Blanc, *Histoire de la Révolution française*, 2 vol. in-4, ill., 26 fr. ; rel., 36 fr. — J. Claretie, *Camille Desmoulins*, 1 vol. in-8, 8 fr. ; holl., 16 fr. — Debidour, *Histoire des rapports de l'Église et de l'État de France* (1789-1870), 1 vol. in-8, 12 fr. — E. Dumont, *Relations de la France et de la République helvétienne* (1798-1903) 1 vol. in-8, 20 fr. — J. Favre, *Gouvernement de la Défense nationale* 3 vol. in-8 (tome 1 épuisé), les 2 derniers, 16 fr. — Guizot, *Mémoires pour servir à l'histoire de mon temps*, 8 vol. in-8, 60 fr. ; *Histoire par-*

lementaire de France, 5 vol. in-8, 37 fr. 50. — E. Hamel, *Histoire de France depuis la Révolution*, 10 vol., ill., 79 fr. 50. — Hanotaux, *Histoire de la France contemporaine*, 2 vol. in-8, 15 fr. ; rel., 23 fr. — J. Jaurès, *la Constituante*, en liv., 10 fr. ; *la Législative*, en liv., 7 fr. 50 ; *la Convention*, en liv., 10 fr. — Michelet, *De la Restauration à nos jours*, 1 vol. in-8, ill., 9 fr.; rel., 14 fr. — E. Quinet, *Campagne de 1815*, 1 vol. in-8, 7 fr. 50. — J. Reinach, *Histoire de l'affaire Dreyfus*, 5 vol. in-8, 35 fr. — C. Rousset, *Conquête de l'Algérie*, 2 vol. in-16, cartes, rel., 8 fr. — Sorel, *Histoire diplomatique de la guerre franco-allemande* (épuisé récemment). — Spuller, *Histoire parlementaire de la IIe République*, 6 vol. in-8, 42 fr. — A. Vandal, *Napoléon et Alexandre Ier* (documentaire). — H. de Vaulabelle, *Histoire des deux restaurations* (1813-1830), 10 vol. in-8, ill., 120 fr. — E. Zévort, *Histoire de la IIIe République*, 4 vol. in-8, 28 fr.

DE 3 A 6 FRANCS LE VOLUME

Aulard, *Études sur la Révolution*, 2 vol. in-12. . . . . 7 fr. »

L. Blanc, *Histoire de la Révolution de 1848*, 2 vol. in-18. . . . 7 fr. »

— *Histoire de Dix Ans* (1830-1840), 5 vol. in-8 . . . . 25 fr. »

Bulwer, *Essai sur Talleyrand*, 1 vol. in-8. . . . . 5 fr. »

Champion, *la France d'après les cahiers de 1789*, 1 vol., 3 fr. 50; rel. 5 fr. 50

Charras, *Histoire de la guerre de 1815*, 1 vol. in-18 (épuisé récemment).

Chuquet, *les Guerres de la Révolution*. 11 vol. . . . . 38 fr. 5.

H. Doniol, *la Révolution française et la féodalité*, 1 vol. in-8 . 6 fr. »

Duquet, *Frœschwiller, Châlons, Sedan*, 1 vol. in-18, broch. 3 fr. 50. rel. 5 fr. »

— *Metz*, 2 vol. in-18, 7 fr.; rel. 10 fr. »

— *Paris*, 8 vol. in-18, 28 fr.; rel. 40 fr. »

H. Houssaye, *1814*, 1 vol. in-12, 3 fr. 50; in-8. . . . . 7 fr. 50

— *1815*, 3 vol. in-16, 10 fr.; in-8. 22 fr. 50

V. Hugo, *Histoire d'un crime*, 2 vol. in-18. . . . . 7 fr. »

K. Marx, *le 18 brumaire de Louis Bonaparte*, 1 vol. in-16. . . 3 fr. 50

L. Michel, *la Commune*, 1 vol. in-18 3 fr. 50

Michelet, *Notre France*, 1 vol. in-18 3 fr. 50

Mignet, *Histoire de la Révolution française*, 2 vol. in-18 . . . . 7 fr. »

F. Pelloutier, *Histoire des bourses du travail*, 1 vol. in-16. . 3 fr. 50

E. Quinet, *la Révolution*, 3 vol. in-16. . . . . 10 fr. 50

C. Rousset, *Guerre de Crimée*, 2 vol in-16. . . . . 7 fr. »

Stern, *Histoire de la Révolution de 1848*, 3 vol. in-18. . . . 10 fr. 50

Delord, *Histoire illustrée du second Empire*, 6 vol. in-8, 48 fr. — Kautsky *la Lutte des classes en France en 1789*, 1 vol., 2 fr. — De Royaumont, *Napoléon faux-monnayeur*, broch. in-8, 1 fr. 50.

Sur l'Europe contemporaine :

Sir Corneval Lewis, *Histoire gouvernementale de l'Angleterre* (1770-1830), 1 vol. in-8, 7 fr. — Leroy-Beaulieu, *l'Empire des tsars*, 3 vol. in-8, 22 fr. 50. — C. Vogel, *le Portugal et ses colonies*, 1 vol. in-8, 8 fr. 50.

DE 3 A 6 FRANCS LE VOLUME

M. Crébange, *Histoire contemporaine de la Russie*, 1 vol. in-12 . 3 fr. 50

F. Damé, *Histoire de la Roumanie contemporaine*, 1 vol. in-8. . 7 fr. »

Dresh, *Gutzkow et la Jeune Allemagne*, 1 vol. in-18. . . . . . 3 fr. 50

Frédériksen, *la Finlande*, 1 vol. in-18 . . . . 3 fr. 50.

A. Lefèvre, *Germains et Slaves*, 1 vol. in-18, fig. et cartes. . . . 3 fr. 50

De Moltke, *Campagnes des Russes en Turquie*, 2 vol. in-8 . . . 6 fr. »

E. Sayous, *Histoire des Hongrois*, 1 vol. in-12. . . . . 3 fr. 50

Schefer, *Bernadotte, roi* (1810-1844), 1 vol. in-8 . . . . 5 fr. »

E. Sorin, *Histoire de l'Italie depuis 1815*, 1 vol. in-12. . . . 3 fr. 50

E. Veron, *Histoire de l'Allemagne depuis Sadowa*, 1 vol. in-12. 3 fr. 50

Impressions de voyage d'un Russe en Europe, 1 vol. in-12, 2 fr. 50.

Sur l'Amérique :

A. Bresson, *Bolivia*, 1 vol. in-4, ill., 28 fr.; rel., 30 fr. — H. Coudreau, *Voyage à travers la Guyane et l'Amazone*, 2 vol. in-8, avec atl., 20 fr. — A. Moireau, *Histoire des Etats-Unis d'Amérique*, 2 vol. in-8, 20 fr. — C. Wiener, *Chili et Chiliens*, 1 vol. in-8, ill., 10 fr.; *République Argentine*, 1 vol. gr. in-8, 12 fr.

DE 3 A 6 FRANCS LE VOLUME

N. Basset. *les Antilles françaises*, 1 vol. in-8. . . . . 5 fr. »

A. Deberle, *Histoire de l'Amérique du Sud*, 1 vol. in-12. . . 3 fr. 50

E. Castets, *Mexique et Californie*, 1 vol. in-18. . . . . . 3 fr. »

G. Gravier, *Étude sur le sauvage du Brésil*, 1 vol. in-4. . . . 5 fr. »

E. Laboulaye, *Histoire des États-Unis d'Amérique*, 3 vol., 10 fr. 50; rel. . . . . 15 fr. »

Molinari, *Au Canada et aux Montagnes rocheuses*, 1 vol. in-12. 3 fr. 50

Popper, *Terre de Feu*, broch. in-12 4 fr. 50

Sur l'Afrique :

Binger, *du Niger au golfe de Guinée*, 2 vol. in-8, ill., 30 fr.; rel., 40 fr. — Bory de Saint-Vincent, *Voyages dans les quatre grandes îles des mers d'Afrique*, 3 vol. in-8, pl., 48 fr. — G. Dujarric, *l'État mahdiste du Soudan*, 1 vol. in-8, 7 fr. 50. — Dupont, *Lettres sur le Congo*, 1 vol. in-8, ill., 15 fr.; cart., 16 fr. — H. Duveyrier, *les Touareg du Nord*, 1 vol. in-8, pl. et cartes, 25 fr. — Flamand, *De l'Oranie au Gourara*, 1 vol. in-8, ill., 7 fr. 50. — C. de Foucauld, *Reconnaissance au Maroc* (1883-1884), 2 vol. in-4, pl. col., 50 fr. — Foureau, *Ma Mission au Sahara et chez les Touareg*, 1 vol. in-8, avec atl., 10 fr. — L. Galibert, *Histoire de l'Algérie* (épuisé récemment). — Guillain, *Voyage à la côte orientale d'Afrique*, 3 vol. gr. in-8, pl. et atl., 50 fr. — L. Heudebert, *Au pays des Somalis*, 1 vol. in-8, ill., 7 fr. 50. — G. Lejean, *Voyage en Abyssinie* (1862-1864), 1 vol. et atl., 30 fr. — Duc de Luynes, *Voyage d'exploration à la mer Morte*, 3 vol. in-4, pl., 200 fr. — A. Mouliéras, *le Maroc inconnu*, 2 vol. in-8, 32 fr. — L. Rinn, *Marabouts et Khouans*, 1 vol. in-8, avec cartes, 15 fr. — Schweinfurth, *Au Cœur de l'Afrique*, 2 vol. gr. in-8, ill., 40 fr. — P. Soleillet, *Voyage à Segou*, 1 vol. in-8, ill., 7 fr. 50. — Stanley, *Dans les ténèbres de l'Afrique*, 2 vol. in-8, ill., 30 fr.; rel., 38 fr.

DE 3 A 6 FRANCS LE VOLUME

Bardon, *Histoire nationale de l'Algérie*, 1 vol. in-8. . . . . 5 fr. »

J. Canal, *Géographie générale du Maroc*, 1 vol. in-4, avec cartes 6 fr. »

COPPOLANI, *Confréries religieuses musulmanes* (documentaire).

DYBOWSKI, *Route du Tchad* (épuisé récemment).

FOURNEL, *la Tripolitaine*, 1 vol. 3 fr. »

H. GUYS, *la Nation druse*, 1 vol. in-8 5 fr. »

H. GUYS, *Voyage en Syrie*, 1 vol. in-8 4 fr. »

LA MARTINIÈRE, *De Fez à Oudja* (épuisé récemment).

H. LORRIN, *l'Afrique à l'entrée du vingtième siècle*, 1 vol. in-18, cartes 3 fr. 50

V. MAYET, *Voyage dans le sud de la Tunisie*, 1 vol. in-8, avec cartes. 3 fr. 50

MORIÉ, *Histoire de l'Éthiopie*, 2 vol. in-18. . . . . 8 fr. »

ROCQUIGNY DU FAYEL, *Trois mois en Orient*, 1 vol. in-18. . . . 3 fr. 50

SERPA PINTO, *Comment j'ai traversé l'Afrique*, 2 vol. in-8, ill., 20 fr.; rel. . . . . 28 fr.

GRANDIDIER, *Les Voyageurs Français à Madagascar*, 1 vol. in-8, ill., 2 fr. — LIVINGSTONE, *Exploration en Afrique* (épuisé récemment).

Sur l'Asie :

E. AYMONNIER, *Voyage dans le Laos*, 2 vol. in-8, avec cartes, 32 fr. — BERTIN, *Grandes guerres civiles du Japon*, 1 vol. in-8, 20 fr. — BOUSQUET, *le Japon*, 2 vol. in-8, 15 fr. — CORDIER, *les Origines de Chang-Haï et de Ning-Po* (épuisé récemment). — DEVÉRIA, *Relations de la Chine avec l'Annam*, 1 vol. in-8, 15 fr. — J. DUPUIS, *les Événements du Tonkin* (1872-73), 1 vol. in-4, 15 fr. — GARNIER, *Voyage d'exploration en Indo-Chine*, 2 vol., pl. col., avec atl., 200 fr. — HAECKEL, *Lettres d'un voyageur dans l'Inde*, 1 vol. in-8, 8 fr. — IMBAULT-HUART, *l'Ile Formose*, 1 vol. in-4, ill., 30 fr. — PIASSETOKY, *Voyage à travers la Mongolie et la Chine*, 1 vol. in-8, ill., 15 fr.; rel., 20 fr. — D. DE RHINS, *Mission scientifique dans la Haute-Asie*, 3 vol. in-4, pl., 100 fr. — SVEN HEDIN, *Trois ans de lutte aux déserts de l'Asie*, 1 vol. in-8, ill., 10 fr.; rel., 15 fr.

DE 3 A 6 FRANCS LE VOLUME

BONVALOT, *l'Asie inconnue*, 1 vol. in-8, ill., 4 fr. 50; rel. . . 6 fr. 50

CHAILLÉ-LONG-BEY, *la Corée*, 1 vol. in-4, ill. . . . . 3 fr. 50

F. GARNIER, *De Paris au Thibet*, 1 vol. in-16, ill., 4 fr.; rel . . . 5 fr. 50

P. HUC, *l'Empire chinois* (documentaire), 2 vol. in-12. . . . . 6 fr. »

L. DE ROSNY, *la Civilisation japonaise*, 1 vol. in-12. . . . . . 5 fr. »

E. SENART, *les Castes dans l'Inde*, 1 vol. in-18. . . . . 3 fr. 50

C. TISCHENDORF, *Terre Sainte*, 1 vol. in-8, ill. . . . . 5 fr. »

J. HARMAND, *Birmanie*, 1 vol. in-8, 2 fr. 50. — INOUYÉ (TETSURIRÔ), *Développement des idées philosophiques au Japon avant l'introduction de la civilisation européenne*, 1 vol. in-8, 1 fr. 50. — E. PLAUCHUT, *les Célestes*, 1 vol. in-16, fig. et pl., 1 fr. 50; rel., 2 fr. — A. DE POUVOURVILLE (MATGIOI), *l'Empire du Milieu*, 1 vol. in-18, ill., 2 fr.; *la Chine des Mandarins*, 1 vol. in-18, ill., 2 fr.

Sur l'Océanie et les contrées polaires :

DE GERLACHE, *Quinze mois dans l'Antarctique*, 1 vol. in-8, ill., 10 fr. — NANSEN, *Vers le Pôle Nord*, 1 vol. in-18, 4 fr.; rel., 5 fr. 50; in-8, ill., 10 fr.; rel., 15 fr. — DE QUATREFAGES, *les Polynésiens et leurs migrations*, 1 vol. in-4, 12 fr.

H. MAYER, *le Monde polynésien*, 1 vol. in-18, ill., 2 fr. — PETITOT, *Origine asiatique des Esquimaux*, 1 vol. in-4, 2 fr. 50. — E. RICHET, *les Régions boréales*, 1 vol. in-18, ill., 2 fr.

ŒUVRES LITTÉRAIRES

Les œuvres littéraires de la pensée sont l'expression esthétique des idées, des sentiments et des mœurs des nations et des temps qui les produisirent. Elles en sont comme l'émanation ; mais il faut tenir également compte qu'elles furent conçues la plupart par des hommes d'exception et, pour retrouver en elles la réalité d'une époque, il faudrait leur enlever l'expression anormale du génie.

ANTIQUITÉ

La haute antiquité n'attache pas une grande importance aux manifestations familières de la vie. Elle ne voit que ce qui se passe au-dessus d'elle qui vaille la peine d'être chanté. Pour elle, ce qui est au-dessus de la nature humaine, c'est l'expression du sentiment religieux, qu'il se rapporte à la religion de l'héroïsme nécessaire encore à la conservation des peuples ou à la religion de Dieu, qui participe comme de nos jours au gouvernement des sociétés civiles. Les premières poésies des hommes sont des chants sacrés ou des poèmes guerriers. Il nous en est parvenu, grâce aux progrès des recherches érudites, des fragments inconnus des autres siècles. Tels sont :

Égypte :

Hymne a Ammon Ra (traduction Grebaut), 1 vol. gr. in-8, 22 fr. — Études égyptiennes (traduction Maspero), tome I, in-8, pl., 39 fr. 50.

DE 3 A 6 FRANCS LE VOLUME

Contes populaires de l'Égypte ancienne (traduction Maspero), 1 vol. in-8, 5 fr.

Perse :

Avesta (traduction C. de Harlez), 1 vol. gr. in-8, pl., 20 fr. — Zoroastre (attribué à), *le Vendidad Sadé* (traduction Burnouf), 1 vol. in-f°, 100 fr.

Hébreux :

La Bible : contient deux chefs-d'œuvre ; un de philosophie : *l'Ecclésiaste*, l'autre de littérature : *le Cantique des Cantiques*.

DE 3 A 6 FRANCS LE VOLUME

Salomon, *l'Ecclésiaste* (traduction Renan), 1 vol. in-8 . . . . 5 fr. »

Le Cantique des Cantiques (traduction Renan), 1 vol. in-8. . 6 fr. »

Inde :

Bhagavata Purana (traduction Burnouf), 5 vol. in-f°, 250 fr. — Maha Barata (traduction Foucaux), 1 vol. in-8, 7 fr. 50. — Rgya-Tcher-Rol-Pa, 2 vol. in-4, 35 fr.

DE 3 A 6 FRANCS LE VOLUME

Kalisada, *Œuvres choisies*, 1 vol. in-16. . . . . 3 fr. 50

Rig-Veda (traduction Bergaigne), 1 vol. in-8. . . . . 5 fr. »

Valmiki, *le Ramanaya* (traduction Fauche), 1 vol. in-16. . . 3 fr. 50

Assyrie :

Chants et invocations (traduction Oppert) dans les *Hymnes orientaux*, 1 vol. gr. in-8, 15 fr.

Chine :

Confucius et Lao-Tseu, *Hymnes* (traduction Pauthier) dans les *Hymnes orientaux*, 1 vol. gr. in-8, 15 fr. — Lao-Tseu, *Le Tao te King*, VIe siècle avant J.-C., 1 vol. in-8, 20 fr. — Les quatre livres, comprenant : *l'invariable milieu, les entretiens de Confucius et les œuvres de Mangtzen*, 1 vol. in-8, 25 fr.

Arabie :

DE 3 A 6 FRANCS LE VOLUME

Ferazdak, *Divan*, 4 liv. in-4 . . . . 15 fr. »

Europe :

DE 3 A 6 FRANCS LE VOLUME

Ossian, *Poèmes gaëliques*, 1 vol. in-16 3 fr. 50

Les Niebelungen, trad. E. de Laveleye, 2 vol. in-16 . . . . 7 fr. »

Antiquité gréco-romaine : Les siècles qui nous ont précédés ont vécu de l'admiration de l'antiquité gréco-romaine, laquelle d'ailleurs, tant au point de vue littéraire qu'au point de vue artistique, fut parfois atteinte, mais ne fut jamais dépassée. Il n'est personne qui n'ait besoin de relire à l'âge mûr ces chefs-d'œuvre dont, enfant, la lecture lui fut imposée comme un labeur et dont il n'a pu se faire une idée personnelle. Ce sont des écrits qu'il faut avoir eu le temps d'oublier pour en apprécier la saveur. Ils sont d'ailleurs trop connus pour que nous en commentions la portée et nous nous contenterons de les mentionner.

Anacréon et Sapho, *Poésies*, 1 vol. in-32, 10 fr. — Apollonius, *Jason et Médée*, 1 vol. in-32, 10 fr. — Bachylide, *Poèmes choisis*, 1 vol. in-4, 10 fr. — Catulle, *Odes*, 1 vol. in-32, 10 fr. — Esope, *Fables* (épuisé récemment). — Hésiode, *Poésies*, trad. Leconte de Lisle, 1 vol. in-8, 7 fr. 50. — Homère, *l'Iliade*, trad. Leconte de Lisle, 1 vol. in-8, 7 fr. 50 ; *l'Odyssée*, trad. Leconte de Lisle, 1 vol. in-8, 7 fr. 50. — Lucius, *l'Ane*, 1 vol. in-32, 10 fr. — Properce, *Elégies*, 1 vol. in-32, 10 fr. — Sapho et Anacréon (V. Anacréon et Sapho).

DE 3 A 6 FRANCS LE VOLUME

Aristophane, *Comédies*, trad. Zévort, 1 vol. in-12, broch., 3 fr. 50 ; rel. 5 fr. »

Eschyle, *Théâtre*, trad. Perron, 1 vol. in-12, broch., 3 fr. 50 ; rel. 5 fr. »

Euripide, *Théâtre*, 1 vol. in-12, broch., 3 fr. 50 ; rel. . . . . . 5 fr. »

Héliodore, *les Ethiopiennes*, 1 vol. in-18. . . . . 3 fr. »

Horace, *Œuvres*, 2 vol. in-12, broch., 7 fr. ; rel . . . . 10 fr. »

Juvénal et Perse, *Œuvres*, 1 vol. in-16 . . . . 3 fr. 50

Lucain, *la Pharsale*, 1 vol. in-18 3 fr. »

Lucien, *Œuvres*, 2 vol. in-16. 7 fr. »

Musée, *Héro et Léandre*, 1 plaqu. in-8 3 fr. »

Perse et Juvénal (Voir Juvénal et Perse).

Pindare, *Poésies*, 1 vol. in-18. 7 fr. 50

Plaute, *Comédies*, 1 vol. in-18. 3 fr. 50

Pline le Jeune, *Lettres*, 1 vol. in-12, 3 fr. 50 ; rel. . . . . . . 5 fr. »

Sénèque, *Tragédies*, 1 vol. in-18. 3 fr. »

Sophocle, *Théâtre*, 1 vol. in-12, broch., 3 fr. 50 ; rel. . . 5 fr. »

Térence, *Comédies*, 1 vol. in-18 4 fr. 50

Théocrite, *Idylles*, trad. Pessonneaux, 1 vol. in-12, broch., 3 fr. 50 ; rel. 5 fr. »

Théophraste, *Caractères* (épuisé récemment).

Tibulle, *Œuvres*, 1 vol. in-18. 3 fr. »

Virgile, *Œuvres*, trad. Pessonneaux, 2 vol. in-12, broch., 7 fr. ; rel. 10 fr. »

Apulée, *l'Ane d'or*, 1 vol., in-32, ill., 2 fr. — Longus, *Daphnis et Chloé*, 1 vol. in-32, ill., 2 fr. — Ovide, *Œuvres*, 2 vol. in-18, 6 fr. — Phèdre, *Fables*, 1 vol. in-12, 2 fr.

MOYEN AGE

Au moyen âge, la littérature commence dans l'Église par des poésies en langue latine.

Ausone, Sidoine Apollinaire, Venance Fortunat, *Œuvres* (texte et traduction), 1 vol. gr. in-8, 12 fr.

En France, les écrits dans les langues vulgaires du Midi (langue d'oc) et du Nord (langue d'oïl) n'arrivent à se répandre que lorsqu'un rayon d'instruction filtre des cloîtres aux seuils des palais. Alors, au septentrion, les chansons de geste entonnent le poème belliqueux des illusions guerrières. Elles peuvent se ranger en trois cycles : *le cycle de Charlemagne*, *le cycle d'Arthur*, et *le cycle de Troie*. Voici des œuvres typiques de chacun d'eux :

Cycle de Charlemagne :

Turold (attribué à), *Chanson de Roland*, 1 vol. in-8, 5 fr.

Cycle d'Arthur :

MERLIN L'ENCHANTEUR, 2 vol. in-8, 20 fr.; Whatman, 40 fr.

Cycle de Troie :

ROMAN DE THÈBES, 2 vol. in-8, 30 fr. ; Whatman, 60 fr.

Allemand :

GUDRUNE, trad. R. de Rocmont, 1 vol. in-16, 3 fr. 50.

Au Midi, la poésie est plus fine, plus galante. Des trouvères du Nord, peu de noms nous sont restés. On peut citer, toutefois, *Adenes li Roi*, un contemporain de saint Louis.

ADENES LI ROI, *Bueves de Commarchis*, 1 vol. in-8, 5 fr.

Des troubadours du Midi, *Bertrand de Born* est le plus célèbre, tant par ses œuvres que pour le rôle historique qu'il joua en soulevant les fils du roi d'Angleterre contre leur père.

BERTRAND DE BORN, *Poésies complètes*, 1 vol. in-8, 4 fr.

Bientôt de seigneuriale, la poésie se fait bourgeoise et roturière. Le *Roman du Renard* transforme en autant de bêtes grotesques les héros des anciens cycles qu'elle parodie dans les types féodaux contemporains.

LE ROMAN DU RENARD, 1 vol. in-16, rel., 3 fr. 50.

Parmi les trouvères bourgeois, on peut citer *Ruteboeuf*, *Villon*, *Alain Chartier*, *Basselin*.

DE 3 A 6 FRANCS LE VOLUME

O. BASSELIN, *le Vau de Vire*, 1 vol. in-12. . . . . 5 fr. »

RUTEBOEUF, *Œuvres complètes*, 3 vol. in-16. . . . . 18 fr. »

VILLON, *Œuvres complètes*, 1 vol. in-12, 3 fr. 50 ; rel. 5 fr.

Puis, la poésie chevaleresque se fait allégorique et galante à l'ère du bel esprit qui s'ouvre.

ROMAN DE LA ROSE, 1 vol. in-8, 10 fr. ; Whatman, 20 fr.
CH. D'ORLÉANS, *Poésies complètes*, 2 vol. in-16, 2 fr.

C'est la Renaissance et la résurrection de l'antiquité classique. En Italie, l'*Arioste* écrit son *Roland furieux*, *le Tasse*, sa *Jérusalem délivrée*, *Dante*, sa *Divine comédie*, *Pétrarque*, ses *Sonnets à Laure*. C'est un éveil où l'esprit poétique s'efforce au sublime après un naïf balbutiement. En France, *Ronsard*, ce roi des mots harmonieux, *flageollant une églogue en un tuyau d'aveine*, est peut-être notre plus grand poète, malgré ses audaces. Avec lui, *Clément Marot*, plus simple, est naïvement mélodieux, *Mathurin Régnier*, *d'Aubigné* sont de vigoureux satiristes. *Malherbe* est, dit-on, l'aboutissant de ces maîtres. Il passe pour avoir épuré la langue, mais il faut avoir eu le courage de le suivre d'un bout à l'autre dans son froid lyrisme pour comprendre qu'une grande part de l'admiration qu'on lui porte est faite de convention. Hors de France, il faut faire une place à part au grand poète portugais, *Camoëns*, surnommé le *Virgile* de sa patrie, *Virgile* qui, d'ailleurs, mourut de misère.

D'AUBIGNÉ, *les Tragiques*, 1 vol. in-16, rel., 20 fr. — MATHURIN RÉGNIER, *Œuvres complètes*, 1 vol. in-18, 3 fr.; rel., 5 fr.

DE 3 A 6 FRANCS LE VOLUME

ARIOSTE, *Roland furieux*, trad. Regnard, 4 vol. in-12. . . . 20 fr. »

A. DE BAIF, *Poésies choisies*, 1 vol. in-12, broch., 3 fr. 50 ; rel. 5 fr. »

CAMOENS, *les Lusiades*, trad. Hippeau, 1 vol. in-18, 3 fr.; rel. . . 5 fr. »

DANTE, *la Divine comédie*, 1 vol. in-12, 3 fr. 50 ; rel. . . . . . 5 fr. »

— *L'Enfer*, 1 vol. in-12. . . 4 fr. »

DORAT, *Œuvres choisies*, 1 vol. in-16, 5 fr. »

MALHERBE, *Poésies*, 1 vol. in-16 3 fr. »

PÉTRARQUE, *Sonnets à Laure*, 1 vol. in-16. . . . . 3 fr. 50

RONSARD, *Œuvres*, 8 vol. in-16. 48 fr. »

SATIRE MENIPPÉE, 1 vol. in-12, 3 fr. 50; rel. . . . . 5 fr. »

E. JODELLE, *Ode à la chasse*, 1 vol. in-8, 2 fr. — CLÉMENT MAROT, *Œuvres complètes*, 4 vol. in-16, 4 fr. — SAADI, *le Boustan* (trad. NICOLAS), 1 vol. in-8, 2 fr. — TASSE, *Jérusalem délivrée*, trad. Lebrun, 1 vol. in-18, 2 fr. : rel., 3 fr. — TASSONI, *le Sceau enlevé*, 2 vol. in-32, 0 fr. 50 ; rel. en 1, 0 fr. 90.

Tous les écrits des prosateurs du moyen âge et de la Renaissance — et certains sont des chefs-d'œuvre — portent le cachet d'une licence et d'une gauloiserie toute franche. A cette époque naïve, le plus chaste abbé n'eût pas compris nos effarouchements raffinés. Pour parler de la littérature de cette époque sans effleurer ce sujet, il faudrait supprimer les *Cent Nouvelles* recueillies pour *Louis XI*, une des plus vieilles œuvres d'édition française, l'*Évangile des Quenouilles*, les *Contes de Marguerite de Navarre* et de *Bonaventure Despériers*, ceux de *Boccace* dont s'inspira *La Fontaine*, les *Vies des dames galantes* de *Brantôme*, l'œuvre de *Rabelais*, plus profonde des œuvres de ce temps et même, dans certains passages, la jolie traduction de *Daphnis et Chloé* par *Amyot*. A part quelques mémoires, il ne resterait guère d'œuvres françaises saillantes. En Espagne, par contre, l'immortel *Cervantès* écrit *Don Quichotte*, que tout le monde peut lire et que tout le monde a lu ou doit lire.

AMYOT, *Daphnis et Chloé*, 1 vol., ill., 50 fr. — LOUIS XI, *l'Évangile des quenouilles*, 1 vol. in-16, 12 fr. — MARGUERITE DE VALOIS, *Mémoires*, 1 vol. in-16, rel., 6 fr. — N. DE TROYES, *Le grand Paragon des Nouvelles nouvelles*, 1 vol. in-16, rel., 6 fr. — N. DU FAIL, *Œuvres facétieuses*, 2 vol. in-16, rel., 12 fr. — HÉLOÏSE et ABÉLARD, *Lettres*, 1 vol., 5 fr.

DE 3 A 6 FRANCS LE VOLUME

BOCCACE, *le Décaméron*, 5 vol. in-12 25 fr. »

— *Contes*, 1 vol. in-18, 3 fr.; rel. 5 fr. »

BONAVENTURE DESPERRIERS, *Joyeux devis*, 1 vol. in-18, 3 fr.; rel. 5 fr. »

BRANTÔME, *Vies des dames galantes*, 1 vol. in-18, 3 fr.; rel. . . . 5 fr. »

BRANTÔME, *Vies des dames illustres*, 1 vol. in-18, 3 fr.; rel. . 5 fr. »

— *Œuvres complètes*, 13 vol. in-16, 72 fr. »

LOUIS XI, *Cent nouvelles nouvelles*, 1 vol. in-12, 3 fr. 50; rel. 5 fr. »

RABELAIS, *Œuvres*, 1 vol. in-12, 3 fr. 50; rel. . . . . 5 fr. »

CERVANTÈS, *Don Quichotte*, 2 vol. in-12, 7 fr.; rel., 10 fr. — MARGUERITE DE NAVARRE, *l'Heptaméron*, 1 vol. in-12, 3 fr. 50; rel., 5 fr.

Le théâtre du moyen âge avec ses interminables et naïfs mystères, ses moralités à l'allégorie burlesque, peut être représenté par :

Théâtre littéraire :

RUTEBOEUF, *le Mystère du siège d'Orléans*, 1 vol. in-4, 10 fr.

Comédie :

LE CUVIER, broch., 1 fr. 50 ; LA VRAIE FARCE DE MAITRE PATHELIN, br., 1 fr. 50 à défaut des pièces en vieux français dont elles sont l'interprétation.

Cependant, avant le dix-septième siècle, l'Angleterre donne naissance au plus grand tragique peut-être des siècles, à *Shakespeare*, créateur du drame moderne dont s'inspira, plus tard, toute la phalange romantique. En Espagne, *Lope de Vega* fait présager *Caldéron*.

KAO-TONG-KIA, *Pi-pa-ki*, trad. Bazin, 1 vol. in-8, 7 fr. 50.

DE 3 A 6 FRANCS LE VOLUME

LOPE DE VEGA, *Théâtre choisi*, 2 vol. in-12, 7 fr.; rel. . . . . 10 fr. »

SHAKESPEARE, *Œuvres complètes*, 6 vol. in-12, 21 fr.; rel. . . 30 fr. »

SHAKESPEARE, *Hamlet, Macbeth*, etc., 1 vol. in-12, 3 fr. 50 ; rel. . 5 fr. »

— *Othello, les Joyeuses commères*, etc., 1 vol. in-12, 3 fr. 50 ; rel. 5 fr. »

— *Le Roi Lear, Périclès*, etc., 1 vol. in-12, 3 fr. 50 ; rel. . . . . 5 fr. »

— *Le Songe d'une nuit d'été, Timon*, etc., 1 vol. in-12, 3 fr. 50 ; rel. 5 fr. »

— *Henri V, Richard III*, etc., 1 vol. in-12, 3 fr. 50 ; rel. . . . . 5 fr. »

— *Roméo et Juliette, Beaucoup de bruit pour rien*, etc., 1 vol. in-12, 3 fr. 50 ; rel. . . . . 5 fr. »

CERVANTÈS, *Théâtre*, trad. Royer, 1 vol. gr. in-18, 1 fr.

XVIIe SIÈCLE

Au dix-septième siècle, des essais de poésie épique (*Chapelain, Saint-Arnaud, etc.*) tendent à se substituer aux chansons de geste des vieilles traditions ; mais c'est encore à l'Angleterre, avec le *Paradis perdu* de *Milton*, qu'il est donné d'enfanter un véritable chef-d'œuvre dans ce genre. Si l'on en excepte *Régnier* qui flotte à la limite de deux siècles, il n'y eut vraiment chez nous, en dehors du théâtre, que deux grands poètes : *Boileau* qui s'inspira d'*Horace*, et *La Fontaine* qui s'inspira d'*Esope* dans ses *Fables* et de *Boccace* dans ses *Contes*.

CHAPELAIN, *Lettres*, 2 vol. in-4, 24 fr.

DE 3 A 6 FRANCS LE VOLUME

BOILEAU, *Œuvres poétiques*, 1 vol. in-12, 3 fr. 50 ; rel. . . . 5 fr. »

LA FONTAINE, *Fables*, 2 vol. in-16, 6 fr. ; in-8, ill. japonaise. 12 fr. »

— *Contes*, 2 vol. in-16. . . 6 fr. »

MILTON, *le Paradis perdu*, 1 vol. in-12, 3 fr. 50 ; rel. . . . . . 5 fr. »

SAINT-AMAND, *Œuvres*, 2 vol. in-16, 12 fr. »

SCARRON, *Virgile travesti*, 1 vol. in-18, 3 fr. ; rel. . . . . 5 fr. »

La prose d'ailleurs est aussi peu classique que le théâtre et la poésie s'efforcent de le paraître. Et même, le goût de l'antiquité est assez joliment raillé par *Saint-Arnaud* et par *Scarron*. Si l'on en excepte le *Télémaque* de *Fénelon* et les *Caractères* de *la Bruyère*, deux purs chefs-d'œuvre, on ne rencontre plus que des œuvres charmantes et légères comme celles de *Cyrano, Chapelle* et *Bachaumont*. La littérature enfantine est immortalisée en France, par *Perrault*, en Angleterre par *Foë*. Le roman véritable est cependant en germe dans le joli livre de *Mme de Lafayette*, intitulé *la Princesse de Clèves*.

CHAPELAIN, *la Pucelle*, 2 vol. in-16, rel., 7 fr..

DE 3 A 6 FRANCS LE VOLUME

FÉNELON, *les Aventures de Télémaque*, 1 vol. in-18, ill., 3 fr. ; rel. . . 5 fr. »

FOE, *Robinson Crusoë*, 1 vol. in-18, 3 fr. 50 ; in-8, ill. . . . . 10 fr.

LA BRUYÈRE, *Caractères*, 1 vol. in-12, 3 fr. 50 ; rel. . . . . . 5 fr. »

NINON DE LENCLOS, *Lettres*, 1 vol. in-18, 3 fr. ; rel. . . . . 5 fr. »

SAINT-AMAND, *Œuvres*, 2 vol. in-16 12 fr. »

SCARRON, *le Roman comique*, 2 vol. in-16. . . . . 12 fr. »

CHAPELLE et BACHAUMONT, *Voyages amusants*, 1 vol. in-32, 0 fr. 25 ; rel., 0 fr. 45. — CYRANO DE BERGERAC, *Œuvres comiques*, 1 vol. in-18, 3 fr. ; rel., 5 fr. — Mlle DE LA FAYETTE, *la Princesse de Clèves*, 1 vol. in-16, 3 fr. — PERRAULT, *Contes*, 1 vol. in-16, ill., 3 fr. 50 ; rel., 4 fr. 50.

C'est plus particulièrement par les chefs-d'œuvre de son théâtre qu'en France, brilla le dix-septième siècle. Tandis qu'en Espagne, *Calderon* animait la réalité, *Rotrou* incarnait dans *Wenceslas* l'esprit d'héroïsme qui sera le fond du *Cid*, chef-d'œuvre de *Pierre Corneille*. *Pierre Corneille* est, avec lui, le fondateur de la véritable tragédie classique. Dans ses œuvres maîtresses *Horace*, *Cinna*, *Polyeucte*, il se sert du contraste comme le fera plus tard *Victor Hugo*. Moins pondéré que *Racine* qui lui succédera dans la gloire, il est sans contredit plus grand. Il a pour ressort l'héroïsme comme *Racine* a l'amour. Cette époque a sa synthèse géniale dans ces deux hommes et dans un troisième, *Molière*, le poète comique inimitable. *Molière* est l'auteur du *Tartuffe*, du *Misanthrope* et de *l'Avare*. Il est aussi, Plaute de son temps en même temps qu'amuseur du peuple, l'auteur des *Fourberies de Scapin*. Il a édifié un monument. Plus modestes, mais remarquables pourtant, sont *Quinault*, *Le Sage* et *Regnard*, l'auteur du *Légataire universel*. Le dix-huitième siècle n'atteindra pas à la même hauteur que son devancier, dans la littérature, il sera le siècle des philosophes plutôt que le siècle des poètes.

MOLIÈRE, *les Femmes savantes*, 1 vol. in-16, ill., 7 fr. ; *le Malade imaginaire*, 1 vol. in-16, ill., 10 fr.

DE 3 A 6 FRANCS LE VOLUME

CALDERON, *Théâtre*, 3 vol. in-12, 10 fr. 50 ; rel. . . . . 15 fr. »

CORNEILLE, *Œuvres*, 2 vol. in-12, 7 fr. ; rel. . . . . 10 fr. »

LE SAGE, *Turcaret*, 1 vol. in-32, 6 fr. ; rel. . . . . 10 fr. »

MOLIÈRE, *Œuvres*, 3 vol. in-12, 10 fr. 50 ; in-8, ill. . . . . 15 fr. »

— *Les Précieuses ridicules*, 1 vol. in-16, ill. . . . . 4 fr. 50

QUINAULT, *Théâtre choisi*, 1 vol. in-18, ill., 3 fr. ; rel. . . . . 4 fr. »

RACAN, *Œuvres complètes*, 2 vol. in-16 12 fr. »

RACINE, *Théâtre*, 3 vol. in-16. 9 fr. »

REGNARD, *Théâtre*, 2 vol. in-16. 6 fr. »

ROTROU, *Théâtre choisi*, 1 vol. in-18, gr. col., 3 fr. ; rel. . . . 5 fr. »

SCARRON, *Théâtre*, 1 vol. in-18, gr. col., 3 fr. ; rel. . . . . 5 fr. »

CORNEILLE, *le Cid*, *Cinna*, *Polyeucte*, *Pompée*, *le Menteur*, *Horace*, *la suite du Menteur*, etc., 1 vol. in-16, 1 fr. 25 ; *Don Sanche*,

Rodogune, *Nicomède*, etc., 1 vol. in-16, 1 fr. 25 ; *Sertorius*, *Sophonisbe*, etc., 1 vol. in-16, 1 fr. 25. — MOLIÈRE, *Tartuffe*, *le Médecin malgré lui*, *Amphitryon*, *l'Avare*, etc., 1 vol. in-16, 1 fr. 25 ; *le Bourgeois gentilhomme*, *M. de Pourceaugnac*, *les Fourberies de Scapin*, etc., 1 vol. in-16, 1 fr. 25. — RACINE, *Andromaque*, *Bajazet*, *Britannicus*, *Mithridate*, *les Plaideurs*, etc., 1 vol. in-16, 1 fr. 25 ; *Phèdre*, *Esther*, *Athalie*, etc., 1 vol. in-16, 1 fr. 25. — REGNARD, *le Joueur*, 1 vol. in-32, 0 fr. 25 ; rel., 0 fr. 45 ; *le Légataire universel*, 1 vol. in-32, 0 fr. 25 ; rel., 0 fr. 45.

XVIIIe SIÈCLE

C'est même, dans le dix-huitième siècle, d'un esprit scientifique nouveau, qui n'a pas su se faire encore de la prosodie un instrument d'expression, que provient le côté un peu médiocre de la poésie de la Nature dont l'*abbé Delisle* est le chef. *Dorat* va jusqu'à mettre en vers *la Déclamation*. Dans le genre épique qui, par *Chatelain*, tend à continuer la chanson de geste moyenâgeuse, l'essai de *Voltaire*, *la Henriade* est indigne de lui. *Florian* vient après *La Fontaine* et *Gilbert* n'a que le chant du cygne. Certaines œuvres de *Gresset*, *Piron*, *de Parny*, sont charmantes; mais bien peu sérieuses. Seul, à la fin, *André Chénier* fut un poète véritable et s'immortalisa moins par l'étendue de son œuvre interrompue comme celle de *Gilbert* dans un râle, que parce qu'il sut donner au vers la musique et la mélodie qui manquent aux poètes de ce temps aussi bien qu'à ceux de la période précédente.

DELILLE, *Œuvres*, 1 vol. in-8, 12 fr. — FLORIAN, *Fables*, 1 vol. in-16, 13 fr. ; en 2 vol., ill. japonaises, 14 fr.

DE 3 A 6 FRANCS LE VOLUME

ANDRÉ CHÉNIER, *Poésies*, 1 vol., in-12, broch., 3 fr. 50 ; rel. . . 5 fr. »

DORAT, *Œuvres choisies*, 1 volume in-16. . . . . 5 fr. »

KLOPSTOCK, *la Messiade*, trad. de Carlowitz, 1 vol. in-12, broch., 3 fr. 50 ; rel. . . . . 5 fr. »

GILBERT, *Œuvres*, 1 vol. in-18, 3 fr. ; rel., 5 fr. — GRESSET, *Œuvres choisies*, 1 vol. in-18, 3 fr. ; rel., 5 fr. — Chevalier DE PARNY, *Œuvres*, *élégies et poésies modernes*, 1 vol. in-18, 3 fr. ; rel. 5 fr. — PIRON, *Œuvres*, 1 vol. in-12, 3 fr. 50 ; rel., 5 fr. — ROUCHER, *les Mois*, 2 vol. in-32, 2 fr. — VOLTAIRE, *la Henriade*, 1 vol. in-18, 2 fr. ; rel., 3 fr.

A cette époque, le roman, ce mode si fertile de la littérature, commence à se diversifier et chaque auteur a bien sa manière originale. Il n'y a qu'un *le Sage*, noble et galant, pour enfanter *Gil Blas*, un indulgent comme *l'abbé Prévost* pour créer une *Manon*. L'âme désordonnée d'un *Rousseau* pouvait seule concevoir une *Nouvelle*

Héloïse. *Voltaire* seul pouvait écrire *Candide* et *Diderot*, *la Religieuse*. Il fallait un poète de la nature ainsi que *Bernardin de Saint-Pierre* pour produire *Paul et Virginie*. On trouve le roman naturaliste en germe dans les ouvrages de *Retif de la Bretonne*. *Fenimore Cooper* fait présager *Jules Verne* et *Hoffmann* annonce *Edgar Poë*. Et que d'œuvres charmantes tant en France qu'à l'étranger qui sont restées classiques : *les Contes des Mille et une Nuits*, *le Diable amoureux*, *les Voyages de Gulliver*, *Tristram Shandy*. Et quels jolis traits d'observation dans les anecdotes de *Chamfort*. Ce siècle est pour le roman une aurore, une aurore très douce au seuil d'un jour plein d'éclat.

CASANOVA, *Mémoires*, 8 vol. in-18, 24 fr. ; in-8, 60 fr. — GALLAND, *Contes des mille et une nuits*, 10 vol. in-16, pl., 90 fr. — LE SAGE, *Œuvres*, 1 vol. in-8, ill., 12 fr. 50 ; rel., 18 fr. — PETIS, *Contes des mille et un jours*, 1 vol. in-8, 20 fr. ; rel., 25 fr.

DE 3 A 6 FRANCS LE VOLUME

BEAUMARCHAIS, *Mémoires*. 1 vol. in-18, 3 fr. ; rel. . . . . . . 5 fr. »

DE BOUFFLERS. *Contes*, 1 vol. in-16 3 fr. »

F. COOPER, *les Mohicans*, 1 vol. in-8, ill., 5 fr. ; rel. . . . . . 7 fr. 50

DIDEROT, *la Religieuse*, 1 vol. in-12, 3 fr. 50 ; rel. . . . . . 5 fr. »

— *Jacques le Fataliste*, 1 vol. in-12, 3 fr. 50; rel. . . . . . 5 fr. »

HOFFMANN, *Contes fantastiques*, 1 vol. in-12, 3 fr. 50 ; rel. . . . 5 fr. »

LE SAGE, *le Diable boiteux*, 1 vol. in-12, 3 fr. 50 ; rel. . . . 5 fr. »

— *Gil Blas*, 1 vol. in-12, 3 fr. 50; rel. 5 fr. »

STERNE, *Tristram Shandy*, 2 vol. in-12, 7 fr. ; rel. . . . . . . 10 fr. »

VOISENON, *Contes et poésies fugitives*, 1 vol. in-18, 3 fr. ; rel. . 5 fr. »

VOLTAIRE, *Romans*, 1 vol. petit in-4, ill. . . . . 6 fr. »

CAZOTTE, *le Diable amoureux*, 1 vol. in-16, 3 fr. 50; in-8, ill., 20 fr. — CHAMFORT, *Œuvres choisies*, 2 vol. in-16, 6 fr. — DIDEROT, *le Neveu de Rameau*, 1 vol. in-16, 1 fr. — GOLDSMITH, *le Vicaire de Wakefield*, trad. Guizot, 1 vol. in-12, 1 fr. — LE SAGE, *le Bachelier de Salamanque*, 2 vol. in-32, 0 fr. 50 ; rel. en 1, 0 fr. 90. — Abbé PRÉVOST, *Manon Lescaut*, 2 vol. in-16, ill., 5 fr. — RÉTIF DE LA BRETONNE, *les Contemporains*, 4 vol. in-16 (le 1er épuisé), les 3 autres, cart., 7 fr. 50 ; rel., 15 fr. — J.-J. ROUSSEAU, *la Nouvelle Héloïse*, 1 vol. in-18, 2 fr. ; rel., 3 fr. ; *Confessions*, 1 vol. in-18, 2 fr. ; rel., 3 fr. — B. DE SAINT-PIERRE, *Paul et Virginie*, *la Chaumière indienne*, etc., 1 vol. in-18, 2 fr. ; rel., 3 fr. ; *Études de la nature*, 1 vol. in-18, 2 fr. ; rel., 3 fr. — STERNE, *Voyage sentimental en France*, 1 vol. in-12, 1 fr. — SWIFT, *Voyages de Gulliver*. 1 vol. in-8, ill., 7 fr. 50 ; rel., 10 fr. — VOLTAIRE, *Zadig*, *Candide*, *Micromegas*, 1 vol., 0 fr. 60 ; rel., 1 fr. — *Romans complets*, 1 vol. in-12, broch., 1 fr. 25.

Ce n'est pas par son théâtre tragique que ce siècle se distingue. Si l'on fait exception pour les très remarquables traductions de *Shakespeare*, de *Ducis*, il faut avouer qu'avec *Crébillon* et *Voltaire*, malgré quelques bonnes tragédies, le genre est en décadence. Et c'est peut-être, au contraire, parce qu'il s'éloigne des traditions de *Molière*, que le théâtre comique de *Marivaux*, d'une si captivante originalité, dans *les Jeux de l'amour et du hasard*, par exemple, peut nous apparaître à la scène plus proche de nous que celui de son sublime devancier. Ce sont encore des chefs-d'œuvre pleins de l'esprit frondeur du temps que les comédies de *Beaumarchais*. D'autres œuvres dignes d'intérêt sont celles de *Le Sage*, *Destouches*, *Sedaine*, etc. *Le Fils naturel*, de *Diderot*, est un essai de ce genre dramatique pathétique qui acquerra la prédominance populaire au siècle suivant.

Ducis, *Traduction de Shakespeare* (épuisé récemment). — Diderot, *Œuvres dramatiques*, 1 vol. in-16, 3 fr.

DE 3 A 6 FRANCS LE VOLUME

Beaumarchais, *le Mariage de Figaro*, 1 vol. in-32, 6 fr.; rel. . . 10 fr. »

Crébillon, *Théâtre choisi*, 1 vol. in-18, grav. col., 3 fr. 50; rel. . . 4 fr. 50

Dancourt, *Comédies*. 1 vol. in-12, broch., 3 fr. 50; rel. . . 5 fr. »

Le Sage, *Turcaret*, 1 vol. in-32, 6 fr.; rel. . . . . 10 fr. »

Sheridan, *Théâtre*, trad. Duval, 1 vol. in-12, 3 fr. 50; rel. . . 5 fr. »

Beaumarchais, *Théâtre*, 1 vol. in-18, 3 fr.; rel., 5 fr. — Destouches, *Théâtre choisi*, 1 vol. in-18, gr. col., 3 fr.; rel., 5 fr. — Marivaux, *Théâtre*, 1 vol. in-18, grav. col., 3 fr.; rel., 5 fr.; *le Jeu de l'amour et du hasard*, in-18, 0 fr. 60; *l'Epreuve*, in-18, 0 fr. 60; *le Legs*, in-18, 0 fr. 60; *les Fausses confidences*, in-18, 0 fr. 60. — Piron, *la Métromanie*, 1 vol. in-32, 0 fr. 25; rel., 0 fr. 45. — Sedaine, *le Philosophe sans le savoir*, 1 vol. in-32, 0 fr. 25; rel., 0 fr. 45. — Voltaire, *Théâtre*, 1 vol. in-16, 3 fr.; *Mérope*, in-18, 0 fr. 60; *Mahomet*, in-18, 0 fr. 60; *Mort de César*, in-18, 0 fr. 60; *Zaïre*, 0 fr. 60.

XIXe SIÈCLE (De la Révolution à la seconde partie du)

La période révolutionnaire continue la médiocrité lyrique du dix-huitième siècle. Si l'on en excepte quelques œuvres de haute inspiration, il n'y a rien de saillant. C'est en Angleterre avec *lord Byron*, en Allemagne avec *Lessing*, *Klopstock*, *Goethe*, *Schiller*, que s'édifient des œuvres poétiques d'un mérite supérieur. La rénovation cependant est proche et la poésie française va atteindre bientôt une apogée unique dans l'histoire. C'est l'heure de l'école romantique : voici *Lamartine*, les *Méditations*, les *Harmonies*, *la Chute d'un ange* ; *Victor Hugo*, le dieu, et avec lui, *les Feuilles d'automne*, les *Odes et Ballades*, *la Légende des siècles*, *les Châtiments* ; et *Musset*, *Rolla*, et les *Nuits*, et *Vigny* et *Sainte-Beuve*, et *Baudelaire*, et *Gautier*. Jamais la lyre humaine n'a vibré d'un pareil frisson. Ce qui caractérise cette époque, c'est son grand souffle d'aspirations idéalistes. Pour s'exprimer, elle a rejeté les procédés froids de *Malherbe* et des puristes. Au sortir d'une énorme tourmente, elle a remonté le passé jusqu'à ce qu'elle y eût rencontré dans *Shakespeare* et dans *Ronsard* des sources vivifiantes pour s'y abreuver.

DELILLE, *Œuvres choisies*, 1 vol. in-8, 2 fr. ; rel., 3 fr.

DE 3 A 6 FRANCS LE VOLUME

A. BARBIER, *Iambes*, 1 vol. in-12 6 fr. »

BÉRANGER, *Œuvres complètes*, 4 vol. in-18, 14 fr.; rel. . . . . 20 fr. »

BRIZEUX, *Marie* (documentaire), 1 vol. in-12. . . . . 5 fr. »

BYRON, *Œuvres*, trad. Lesueur, 2 vol. in-12 . . . . 12 fr. »

CASIMIR DELAVIGNE, *Œuvres complètes*, 4 vol. in-18, 8 fr. ; rel. 12 fr. »

DESBORDES-VALMORE, *Poésies*, 3 vol. in-12. . . . . 18 fr. »

THÉOPHILE GAUTIER, *Poésies*, 2 vol. in-12, 7 fr. ; rel. . . . . 10 fr. »

GŒTHE, *Œuvres*, 10 vol. in-8. 60 fr. »

— *Poésies et Poèmes*, 2 vol. in-8. 12 fr. »

LAMARTINE, *Œuvres*, 14 vol. in-12 84 fr. »

— *Méditations*, 1 vol. in-12. 6 fr. »

— *La Chute d'un ange*, 1 vol. in-12 6 fr. »

LAMARTINE, *Les Harmonies*, 1 vol. in-12 6 fr. »

— *Jocelyn*, 1 vol. in-12 . . 6 fr. »

V. DE LAPRADE, *Odes*, 1 vol. in-12 6 fr. »

LEGOUVÉ, *Poésies* (épuisé récemment).

MICKIEWICZ, *Chefs-d'œuvre poétiques*. 1 vol. in-12, 3 fr. 50 ; rel. . 5 fr. »

MILLEVOYE, *Poésies*, 1 vol. in-12, 3 fr. 50 ; rel. . . . . . 5 fr. »

MURGER, *Nuits d'hiver*, 1 vol. gr. in-18 3 fr. 50

ALFRED DE MUSSET, *Œuvres complètes*, 10 vol. in-12. . . . . . 60 fr. »

— *Contes d'Espagne et d'Italie*, 1 vol. in-12. . . . . 6 fr. »

— *Rolla, les Nuits*, 1 vol. in-12. 6 fr. »

SAINTE-BEUVE, *Poésies*, 1 vol. in-12, 3 fr. 50 ; rel. . . . . . 6 fr. »

SCHILLER, *Poésies*, 1 vol. in-8. 5 fr. »

ALFRED DE VIGNY, *Poésies complètes*, 1 vol. gr. in-18 . . . . . 3 fr. »

VICTOR HUGO, *Œuvres complètes*, 82 vol. in-18, 164 fr. ; rel., 287 fr. ; *les Feuilles d'automne*, 1 vol. in-18, 2 fr. ; rel., 3 fr. 50 ; *Chants du crépuscule*, 1 vol. in-18, 2 fr. ; rel., 3 fr. 50 ; *les Rayons et les Ombres*, 1 vol. in-18, 2 fr. ; rel., 3 fr. 50 ; *Odes et Ballades*, 1 vol. in-18, 2 fr. ; rel., 3 fr. 50 ; *la Légende des siècles*, 4 vol. in-18, 8 fr. ; rel., 14 fr. — LESSING, *Fables* (texte et traduction), 1 vol. in-16, 1 fr. 50. — Hégésippe MOREAU, *Poésies*, 1 vol. in-12, 1 fr. — ROUGET DE L'ISLE, *la Marseillaise*, in-8, ill., 0 fr. 10.

Au premier rang des prosateurs de cette époque, il faut citer *Walter Scott*, en Angleterre, car, dans le genre historique, c'est lui qui a ouvert la voie à nos romanciers, et en Italie, *Silvio Pellico* dont les malheurs sont restés célèbres. En France, dès le début du dix-neuvième siècle, à l'heure où *Pigault-Lebrun* écrivait ses œuvres finement ironiques ou licencieuses, toute une école de femmes (*Mmes de Staël, de Krudener, de Duras, Sophie Gay*) surgit, à la fois morale et sentimentale, donnant le jour à quelques œuvres remarquables de délicatesse et de sensibilité. *Goethe* venait de publier *Werther* et la mélancolie du doute dont s'imprègne cette œuvre s'étendit sur la génération. C'est d'elle que procède l'inspiration du styliste merveilleux que fut *Chateaubriand* (*Atala*, *René*), et la tristesse poétique de *Lamartine* (*Graziella*), et celle de *Musset* (*Confession d'un enfant du siècle*), qui à part cela écrivit des nouvelles charmantes (*la Mouche*), genre dans lequel s'illustra *Nodier* (*Contes*). Au contraire, un souffle d'optimisme et de croyance au mieux en même temps que de haute humanité inspire les romans de *Hugo* (*Derniers jours d'un condamné*, *Notre-Dame de Paris*). Il faut citer parmi les meilleures œuvres de cette époque, au point de vue littéraire, celles de *Vigny*, *Edgar Quinet*, *Charles de Bernard*, les deux chefs-d'œuvre de *Stendhal* et le chef-d'œuvre de *Claude Tillier*. Parmi les purs romanciers, il y eut un trio analogue au trio des grands poètes avec *Balzac*, *George Sand et Dumas*. *Balzac* y représente l'observation, *George Sand*, le sentiment, et *Dumas*, l'imagination. Nul monument ne peut être comparé à la *Comédie humaine*, de *Balzac*, sinon celui des *Rougon-Macquart* qu'*Emile Zola* édifiera dans l'avenir. Rien n'est plus charmant et plus poétique que les créations de *George Sand*. Quant à *Dumas*, c'est notre *Walter Scott*, le plus captivant diseur de bonne aventure qu'il soit possible d'imaginer. Parmi les œuvres remarquables de cette époque, il faut citer encore *la Vie de bohème*, de *Murger*; *le Lion amoureux*, de *Frédéric Soulié*; *Adolphe*, de *Benjamin Constant*; *Sous les Tilleuls*, d'*Alphonse Karr*, et les jolis contes de l'Anglais *Dickens*.

DE 3 A 6 FRANCS LE VOLUME

BENJAMIN CONSTANT, *Adolphe*, 1 vol. in-12. . . . . 5 fr. »

CHAMPFLEURY, *la Succession Le Camus*, 1 vol. gr. in-18 . . . . 3 fr. 50

Mme DE DURAS, etc., *Ourika*, etc., 1 vol. in-8, ill., 3 fr. 50 ; rel. . . 7 fr. »

FIÉVÉE, etc., *la Dot de Suzette*, etc. (V. Mme DE DURAS).

Mme DE GENLIS, etc., *Mlle de Clermont*, etc. (V. Mme DE DURAS).

GŒTHE, *Werther*, *Hermann et Dorothée*, 1 vol. in-12, 3 fr. 50 ; rel. . 5 fr. »

JULES JANIN, *Contes fantastiques et contes littéraires*, 1 vol. gr. in-8 3 fr. 50

LAMARTINE, *Raphaël*, 1 vol. in-8. 5 fr.

MIRABEAU, *Lettres d'amour*, 1 vol. in-18, 3 fr. ; rel. . . . . . . 5 fr. »

MURGER, *la Vie de bohème*, 1 vol. gr. in-18. . . . . 3 fr. 50

ALFRED DE MUSSET, *Confessions d'un enfant du siècle*, 1 vol. in-12, 3 fr. 50 ; rel. . . . . 5 fr. »

— *Contes et Nouvelles*, 2 vol. in-12, 7 fr. ; rel. . . . . . . 10 fr. »

CH. NODIER, *Nouvelles*, 1 vol. in-12, 3 fr. 50 ; rel. . . . . . 5 fr. »

— *Contes fantastiques*, 1 vol. in-12, 3 fr. 50 ; rel. . . . . . 5 fr. »

— *Contes des veillées*, 1 vol. in-12, 3 fr. 50 ; rel. . . . . . 5 fr. »

SILVIO PELLICO, *Mes Prisons*, 1 vol. in-12, 3 fr. 50 ; rel. . . . 5 fr. »

EDGAR POE, *Histoires extraordinaires*, 2 vol. gr. in-18 . . . . . 7 fr. »

EDGAR QUINET, *Ahasvérus*, 1 vol. in-16. . . . . 3 fr. 50

GEORGE SAND, *Indiana*, 1 vol. in-18 3 fr. 50

George Sand, *Valentine*, 1 vol. in-18 3 fr. 50

— *La Mare au Diable*, 1 vol. in-18 3 fr. 50

— *La Petite Fadette*, 1 vol. in-18. 3 fr. 50

— *François le Champi*, 1 vol. in-18 3 fr. 50

— *Les Maîtres Sonneurs*, 1 vol. in-18 3 fr. 50

— *Mlle de la Quintinie*, 1 vol. in-18 3 fr. 50

— *Mauprat*, 1 vol. in-18. . 3 fr. 50

— *Le Marquis de Villemer*, 1 vol. in-18 3 fr. 50

— *Nouvelles*, 1 vol. in-18. . 3 fr. 50

— *Lettres d'un voyageur*, 1 vol. in-18. . . . . 3 fr. 50

— *Elle et Lui*. 1 vol. in-18 . 3 fr. 50

— *Histoire de ma vie*, 4 vol. in-18 4 fr. »

Walter Scott, *Œuvres*, 30 vol. in-8, ill., 150 fr. ; rel. . . . 225 fr. »

— *Ivanoé*, 1 vol. gr. in-8, 3 fr. ; rel. 5 fr. »

— *Quentin Durward*, 1 vol. gr. in-8, 3 fr. ; rel. . . . . 5 fr. »

De Senancourt, *Obermann*, 1 vol. in-12, 3 fr. 50 ; rel. . . . 5 fr. »

Mme de Souza, *Eugène de Rothelier*, 1 vol. in-8, ill., 3 fr. 50 ; rel. 7 fr. »

Mme de Staël, *Delphine*, 1 vol. in-12, 3 fr. 50; rel . . . . . . 5 fr. »

— *Corinne*, 1 vol. in-12, 3 fr. 50 ; rel. 5 fr. »

Stendhal, *la Chartreuse de Parme*, 1 vol. in-18. . . . . . . 3 fr. 50

Claude Tillier, *Mon oncle Benjamin*, 1 vol. in-12 . . . . . . 3 fr. 50

A. de Vigny, *Cinq-Mars*, 2 vol. in-12 10 fr. »

— *Stello*, 1 vol. in-12. . . . 5 fr. »

Balzac, *Illusions perdues*, 3 vol. in-12, 3 fr. ; *le Cousin Pons*, 1 vol. in-12, 1 fr. ; *Ménage de garçon*, 1 vol. in-12, 1 fr. ; *le Père Goriot*, 1 vol. in-12, 1 fr. ; *le Lys dans la vallée*, 1 vol. in-12, 1 fr. ; *Eugénie Grandet*, 1 vol. in-12, 1 fr. ; *la Peau de chagrin*, 1 vol. in-12, 1 fr. ; *le Curé de village*, 1 vol. in-12, 1 fr. ; *Contes drolatiques*, 2 vol. in-12, 2 fr. ; *le Chef-d'œuvre inconnu*, 1 vol. in-12, 1 fr. ; *la Maison du chat qui pelote*, 1 vol. in-12, 1 fr. ; *la Cousine Bette*, 1 vol. in-12, 1 fr. ; *l'Illustre Gaudissart*, 1 vol. in-12, 1 fr. — Charles de Bernard, *Gerfaut*, 1 vol. in-12, 1 fr. — Chateaubriand, *Atala, le dernier Abencérage, René*, 1 vol. in-12, 1 fr. — Dickens, *David Copperfield*, 2 vol. in-16, 2 fr. — Alexandre Dumas, *Ange Pitou*, 2 vol. in-12, 2 fr. ; *les Trois Mousquetaires*, 2 vol. in-12, 2 fr. ; *Vingt ans après*, 3 vol. in-12, 3 fr. ; *le Vicomte de Braghelonne*, 6 vol. in-12, 6 fr. ; *le Comte de Monte-Cristo*, 6 vol. in-12, 6 fr. ; *la Comtesse de Charny*, 6 vol. in-12, 6 fr. ; *la Reine Margot*, 2 vol. in-12, 2 fr. ; *Joseph Balsamo*, 5 vol. in-12, 5 fr. ; *le Collier de la reine*, 3 vol. in-12, 3 fr. ; *les Quarante-Cinq*, 3 vol. in-12, 3 fr. ; *Isaac Laquedem*, 2 vol. in-12, 2 fr. ; *les Compagnons de Jehu*, 3 vol. in-12, 3 fr. ; *la Dame de Montsoreau*, 3 vol. in-12, 3 fr. ; *le Chevalier de Maison-Rouge*, 2 vol. in-12, 2 fr. ; *la Bouillie de la comtesse Berthe*, 1 vol. in-12, 1 fr. ; *le Capitaine Pamphile*, 1 vol. in-12, 1 fr. — Sophie Gay, *Elénore*, 1 vol. in-12, 1 fr. — Victor Hugo, *Han d'Islande*, 1 vol. in-18, 2 fr. ; *Bug Jargal*, 1 vol. in-18, 2 fr. ; *Derniers jours d'un condamné, Claude Gueux*, 1 vol. in-18, 2 fr. ; rel., 3 fr. 50 ; *Notre-Dame de Paris*, 2 vol. in-18, 4 fr. ; rel., 7 fr. — Alphonse Karr, *Sous les tilleuls*, 1 vol. in-12, 1 fr. — Paul de Kock, *Gustave le mauvais sujet*, 1 vol. in-18, 1 fr. 50. — Lamartine, *Graziella*, 1 vol. in-16, 1 fr. 25. — Xavier de Maistre, *Voyage autour de ma chambre*, 1 vol. in-12, 1 fr. — Pigault-Lebrun, *l'Enfant du carnaval*, 2 vol. in-32. 0 fr. 50 ; rel. en 1, 0 fr. 90 ; *le Citateur*, 1 vol. in-32, 0 fr. 25 ; rel., 0 fr. 45. — George Sand, *Lélia*, 2 vol. in-12, 2 fr. ; *Jacques*, 1 vol. in-12, 1 fr. ; *Léone-Léoni*, *Teverino*, 1 vol. in-12, 1 fr. ;

Consuelo, 3 vol. in-12, 3 fr. — FRÉDÉRIC SOULIÉ, *le Lion amoureux*, 1 vol. in-12, 1 fr. — STENDHAL, *le Rouge et le Noir*, 2 vol. in-12, 2 fr. ; *Armance*, 1 vol. in-12, 1 fr. — EUGÈNE SUE, *la Gourmandise*, 1 vol. in-12, 1 fr. ; *le Juif-Errant*, 4 vol. in-12, 5 fr. ; *les Sept péchés capitaux*, 7 vol. in-12, 7 fr. — THACKERAY, *la Foire aux vanités*, 1 vol. in-12, 1 fr. 25. — ALFRED DE VIGNY, *Servitude et Grandeur militaires*, 1 vol. gr. in-18, 3 fr. 50.

Le théâtre, au début du siècle, avec *Bouilly*, *Pixérécourt*, *Beaumarchais* lui-même, voit le développement de cette forme larmoyante que *Diderot*, *Sedaine*, etc., avaient éveillée. En Allemagne, *Goethe* et *Schiller*, en la conception de leurs drames, s'élevaient par contre à la grandeur shakespearienne. La Renaissance qu'ils présageaient s'instaurait chez nous dans la passion d'une lutte violente entre les classiques, conservateurs de la tragédie (*Delavigne*, *Lebrun*, *Ponsard*, etc.), et les romantiques, novateurs du drame, dont le chef était *Victor Hugo*. La publication de la préface de *Cromwell*, la bataille d'*Hernani*, de célèbre mémoire, décidèrent la victoire en faveur des derniers et la tragédie classique finit par tomber dans un profond discrédit. Parmi les œuvres célèbres de la nouvelle école, sont le *Chatterton* d'*Alfred de Vigny*, l'*Henri III* et l'*Antony* de *Dumas* père ; enfin, des œuvres d'un caractère d'originalité spéciale, comme *Adrienne Lecouvreur*, ou dans le genre populaire, *la Grâce de Dieu*, *les Deux Orphelines*, *le Juif Errant*, *le Chiffonnier de Paris*, ces deux derniers d'un caractère politique.

DUCIS, *Traduction du théâtre de Shakespeare* (épuisé récemment).

DE 3 A 6 FRANCS LE VOLUME

CASIMIR DELAVIGNE, *Œuvres complètes*, 4 vol. in-18, 6 fr. ; rel. . 12 fr. »

GŒTHE, *Théâtre*, 2 vol. in-12, 7 fr. ; rel. . . . . 10 fr. »

PIERRE LEBRUN, *Théâtre*, 1 vol. in-12 3 fr. 50

LESSING, *Théâtre*, 1 vol. in-12, 3 fr. 50 ; rel. . . . . 5 fr. »

DE PIXÉRÉCOURT, *Théâtre choisi*, 4 vol. in-8. . . . . 16 fr. »

SCHILLER, *Théâtre*, 3 vol. in-8. 18 fr. »

A. DE VIGNY, *Théâtre*, 2 vol. in-12 12 fr. »

Dans la comédie, *Alfred de Musset*, par son tempérament même, devait se rapprocher de *Marivaux*. Ses œuvres sont ce qu'il y a de plus élevé dans ce genre et dans cette partie du siècle. Une évolution naturelle s'accomplit d'ailleurs de jour en jour. La comédie élevée tend à se confondre dans le drame ou, quand elle s'en dégage nettement, s'abaisse à ce rang secondaire que *Duvert* et plus tard *Labiche* ont affectionné. Au début du siècle, *Beaumarchais* en décadence donne *Tarare*. Le personnage de *M. de Crac* date de cette époque. *Le Sourd*, de *Desforges*, *les Étourdis*, d'*Andrieux*, *la Petite ville*, de *Picard*, sont réellement amusants. *Mademoiselle de Belle-Isle* est un essai de comédie historique, de *Dumas* père. Quant au *Verre d'eau*, de *Scribe*, c'est la meilleure production d'une fécondité proverbiale.

DE 3 A 6 FRANCS LE VOLUME

DUVERT, *Théâtre choisi*, 6 vol. (4 épuisés), les 2 autres, 7 fr.; rel. . 10 fr.

ALFRED DE MUSSET, *Comédies et Proverbes*, 3 vol. in-12, 10 fr. 50; rel. 15 fr.

PICARD, *Théâtre*, 2 vol. in-18, 6 fr.; rel. . . . . 10 fr.

ANDRIEUX, *le Mort supposé*, etc., 1 vol. in-18, 2 fr.; rel., 3 fr. — BEAUMARCHAIS, *Théâtre*, 1 vol. in-12, 1 fr. — CHÉRON, *le Tartuffe de Molière* (v. ANDRIEUX). — COLLIN D'HARLEVILLE, *Théâtre complet*, 1 vol. in-18, gr. col., 3 fr.; rel., 5 fr. — COLLÉ, *la Partie de chasse de Henri IV* (v. ANDRIEUX). — DESFORGES, *le Sourd ou l'Auberge pleine*, etc., in-18, 2 fr. — ALEXANDRE DUMAS père, *Mlle de Belle-Isle*, 1 vol. in-18, 1 fr. — FABRE D'ÉGLANTINE, *la Philinte de Molière* (v. DESFORGES). — LEMERCIER, *Plaute* (v. DESFORGES). — MARMONTEL, *l'Ami de la maison* (v. ANDRIEUX). — SCRIBE, *le Verre d'eau*, in-18, 1 fr.

XIXe SIÈCLE

DEUXIÈME PARTIE JUSQU'A NOUS

En poésie, l'époque récente est célèbre par la succession rapide de ses écoles. Après les romantiques qui ont su trouver une juste formule d'expression de l'idée, il y a eu tendance à l'exagération artistique de la forme au détriment de la pensée, des Parnassiens aux Décadents dont le rameau symboliste cherche une rénovation prosodique dans l'exagération de l'emploi des figures. Ces tendances se retrouvent peu atténuées dans une portion de la jeune école naturiste dernière venue. *Hugo*, dans cette partie du siècle, continue sa merveilleuse production. *Théophile Gautier*, des purs romantiques, est celui chez qui s'accentue au plus haut degré ce culte de la forme, un peu superficiel, qui, après *Banville*, merveilleux jongleur, va tourner au décadentisme. Une partie de la génération s'inspirera de *Baudelaire*, dont les *Fleurs du mal* sont un pur chef-d'œuvre. En dehors de toute école, *Leconte de Lisle* incarnera la pureté classique des anciens et, dans ses *Poèmes*, atteindra parfois au sublime. Après lui, il faut citer *Mendès*, *Richepin*, *Coppée*, *A. Silvestre*, *Heredia*, *Jean Lahor*, *Rollinat*, *Haraucourt*, etc. *Strada* ébaucha une épopée humaine, malheureusement trop prolixe. L'école décadente finit par se donner pour chef *Paul Verlaine*; l'école symboliste, *Jean Moréas*; l'école naturiste qui ne s'est pas encore nettement affirmée, *Saint-Georges de Bouhé-*

lier. Cependant, il faut conclure de tant de tentatives de rénovation qu'en art il n'y a pas de formules absolues, il y a surtout des tempéraments et qui sait, peut-être encore plus, des circonstances.

DE 3 A 6 FRANCS LE VOLUME

MICHEL ABADIE, *l'Angelus des sentes*, 1 vol. in-18. . . . . . . 2 fr. »

JEAN AICARD, *Mielle et Noré*, 1 vol. in-8, ill. . . . . 3 fr. 50

THÉODORE DE BANVILLE, *Odes funambulesques*, 1 vol. in-12, 3 fr. 50; rel. 5 fr. »

—*Les Exilés*, 1 vol. in-12, 3 fr. 50; rel. 5 fr. »

BAUDELAIRE, *les Fleurs du mal*, 1 vol. in-18. . . . . 3 fr. 50

MAURICE BOUCHOR, *Poèmes de l'amour et de la mer*, 1 vol. in-12, 3 fr. 50; rel. . . . . 5 fr. »

FRANÇOIS COPPÉE, *les Intimités*, etc., 1 vol. in-12 . . . . . . 5 fr. »

LÉON DIERX, *Poésies*, 2 vol. in-12 12 fr. »

AUGUSTE DORCHAIN, *Poésies*, 1 vol. in-12. . . . . 6 fr. »

E. DES ESSARTS, *Poèmes de la Révolution*, 1 vol. in-12, 3 fr. 50; rel. 5 fr. »

THÉOPHILE GAUTIER, *Emaux et Camées*, 1 vol., 3 fr. 50; rel. 5 fr. »

EDMOND HARAUCOURT, *les Ages*, 1 vol in-12. . . . . 6 fr. »

DE HEREDIA, *les Trophées*, 1 vol. in-12. . . . . 6 fr. »

JEAN LAHOR, *Poésies*, 1 vol. in-12 6 fr. »

LECONTE DE LISLE, *Poèmes tragiques*, 1 vol. in-12 . . . . . . 6 fr. »

—*Poèmes antiques*, 1 vol. in-12. 6 fr. »

—*Poèmes barbares*, 1 vol. in-12. 6 fr. »

LECONTE DE LISLE, *Derniers poèmes*, 1 vol. in-12. . . . . . 6 fr. »

JEAN LORRAIN, *l'Ombre ardente*, 1 vol. in-12, 3 fr. 50; rel. . . . 5 fr. »

CATULLE MENDÈS, *Poésies*, 2 vol. in-12, 7 fr.; rel. . . . . . . 10 fr. »

EPHRAIM MIKHAEL, *Poésies et poèmes*, 1 vol. in-12. . . . . . . 6 fr. »

MISTRAL, *Mireille*, 1 vol. in-12. 6 fr. »

R. DE MONTESQUIOU, *les Paons*, 1 vol. in-12, 3 fr. 50; rel. . . 5 fr. »

JEAN MORÉAS, *Stances*, 1 vol. in-12 6 fr. »

HENRI DE RÉGNIER, *Jeux rustiques et divins*. 1 vol. in-18 . . . 3 fr. 50

JEAN RICHEPIN, *la Mer*, 1 vol. in-12 3 fr. 50; rel. . . . . . . 5 fr. »

— *Les Blasphèmes*, 1 vol. in-12, 3 fr. 50; rel. . . . . 5 fr. »

MAURICE ROLLINAT, *la Nature*, 1 vol. in-12, 3 fr. 50; rel. . . 5 fr. »

SAINT-GEORGES DE BOUHÉLIER, *les Chants de la vie ardente*, 1 vol. in-12, 3 fr. 50; rel. . . . . . 5 fr. »

STRADA, *Le Prométhée de l'avenir*, 1 vol. gr. in-18. . . . . 3 fr. 50

SULLY PRUDHOMME, *Poésies*, 5 vol. in-12. . . . . 30 fr. »

ARMAND SILVESTRE, *les Aurores lointaines*, 1 vol., 3 fr. 50; rel. 5 fr. »

E. VERHAEREN, *Poèmes*, 3 vol. in-12 10 fr. 50

PAUL VERLAINE, *Choix de poésies*, 1 vol. in-12, 3 fr. 50; rel. . . 5 fr. »

F. VIELÉ-GRIFIN, *Poèmes et poésies*, 1 vol. in-18 . . . . . . 3 fr. 50

VICTOR HUGO, *les Châtiments*, 1 vol. in-18, 2 fr.; rel., 3 fr. 50; *les Contemplations*, 2 vol. in-18, 4 fr.; rel., 7 fr.; *Légende des siècles*, 4 vol. in-18, 8 fr.; rel., 14 fr.; *Chansons des rues et des bois*, 1 vol. in-18, 2 fr.; rel., 3 fr. 50; *l'Année terrible*, 1 vol. in-18, 2 fr.; rel., 3 fr. 50

Dans cette époque de suractivité intellectuelle, il s'accomplira pour le roman et les œuvres en prose une évolution très analogue à celle du domaine poétique. Jusqu'à nous, en partant de l'imagination et de l'esprit d'idéalisation des purs romantiques, deux tendances s'accentuent, l'une vers le symbolisme, le bizarre, la religiosité ; l'autre, vers l'observation, le réalisme, le matérialisme, avec de nombreuses transitions entre les deux manières et cela, non seulement en France, mais à l'étranger. C'est toujours Platon et Aristote qui se retrouvent en présence dans leurs formules du beau. D'un côté du siècle, c'est le roman et Zola qui l'emportent, de l'autre, c'est Hugo et les poètes. Il serait trop long d'accorder une mention spéciale à toutes les œuvres remarquables que nous énumérons. Parmi ceux en qui l'esprit d'idéalisation domine, il faut citer les purs romantiques, puis les stylistes artistes (*Gautier*, *Mérimée*, *Banville*), puis les réalistes d'observation psychologique avec *Dumas fils*, *About*, *Paul Bourget*. Le réalisme descriptif a son précurseur dans *Flaubert* qui enfante deux chefs-d'œuvre (*Salammbo*, *Madame Bovary*). Après lui, viennent *les Goncourt*, *Maupassant*, *Daudet*, *les Rosny*, *les frères Margueritte*, etc., enfin *Zola* dont l'*Histoire des Rougon-Macquart*, aussi considérable que la *Comédie humaine*, est d'une vigueur puissante, avec des pages parfois d'intense brutalité mais de poésie grandiose. Ses dernières œuvres sont la synthèse philosophique de sa pensée. Il faut accorder une mention toute spéciale à *Anatole France*, pour son style pur, sa clarté philosophique et cette bonhomie profonde qui le rapproche des maîtres écrivains du passé. Les exagérations symbolistes et mystiques se sont affirmées avec *Barbey d'Aurevilly*, *Villiers de l'Isle-Adam*. C'est un rameau de cette école de poètes qui a mis chez nous à la mode les maîtres mystiques de la littérature de la Russie, de la Pologne et de la Suède (*Tolstoï*, *Ibsen*, *Sienkiewicz*). C'est un mélange de ces esprits différents : symbolisme, psychologisme, réalisme, mysticisme, dilettantisme, scientifisme, qui se retrouve avec un certain manque de pondération chez des écrivains comme *Huysmans* et dans une partie de la jeune école française qui compte cependant de véritables tempéraments (*Paul Adam*, *Barrès*, etc.) et dont la phalange la plus récente paraît peu à peu revenir à une plus grande décision et à une plus juste mesure, profitant en cela d'ailleurs de l'effort sincère de ses devanciers.

GABRIEL D'ANNUNZIO, *le Triomphe de la mort*, 1 vol. in-18. . . 3 fr. 50

— *Le Feu*, 1 vol. in-18 . . . 3 fr. 50

THÉODORE DE BANVILLE, *Contes*, 4 vol. in-12, 14 fr. ; rel. . . . . 20 fr. »

— *Esquisses parisiennes*, 1 vol. in-12, 3 fr. 50 ; rel. . . . . . 5 fr. »

BARBEY D'AUREVILLY, *Une vieille maîtresse*, 2 vol. in-12. . . . 12 fr. »

MAURICE BARRÈS, *Sous l'œil des barbares*, 1 vol. in-12, 3 fr. 50 ; rel. 5 fr. »

HENRI BAUER, *Mémoires d'un jeune homme*, 1 vol. in-12, 3 fr. 50 ; rel. 5 fr. »

BEECHER-STOWE, *la Case de l'oncle Tom*, 1 vol. in-12, 3 fr. 50 ; rel. 5 fr. »

JEAN BERTHEROY, *le Mime Bathylle*, 1 vol. in-18. . . . . . 3 fr. 50

PAUL BOURGET, *le Disciple*, 1 vol. in-12, ill. . . . . 3 fr. 50

— *Mensonges*, 1 vol. in-12. . 6 fr. »

PAUL BRULAT, *la Gangue*, 1 vol. in-18 3 fr. 50

LÉON CAHUN, *Hassan le Janissaire*, 1 vol. in-16 . . . . . . 3 fr. 50

CHERBULIEZ, *le Comte Kostia*, 1 vol. in-16. . . . . 3 fr. 50

— *L'Aventure de Ladislas Bolski*, 1 vol. in-16. . . . . 3 fr. 50

LÉON CLADEL, *N'a-qu'un-œil*, 1 vol. in-12, 3 fr. 50 ; rel. . . . 5 fr. »

JULES CLARETIE, *le Beau Solignac*, 2 vol. in-18. . . . . . 7 fr. »

— *Monsieur le Ministre*, 1 vol. in-12, 3 fr. 50 ; rel. . . . . . 5 fr. »

— *Brichanteau, comédien*, 2 vol. in-12, 7 fr. ; rel. . . . . . . 10 fr. »

ALPHONSE DAUDET, *Fromont jeune et Risler aîné*, 1 vol. gr. in-8, ill., 6 fr. »

— *Les Rois en exil*, ill., 1 vol. in-18 3 fr. 50

— *Sapho*, 1 vol. in-18, ill. . 3 fr. 50

— *Jack*, 1 vol. in-18, ill. . . 3 fr. 50

— *Lettres de mon moulin*, 1 vol. in-12, 3 fr. 50 ; rel. . . . . . . 5 fr. »

— *Numa Roumestan*, 1 vol. in-12, 3 fr. 50 ; rel. . . . . . . 5 fr. »

— *Contes du lundi*, 1 vol. in-12, 3 fr. 50 ; rel. . . . . . 5 fr. »

— *Tartarin de Tarascon*, 3 vol. in-18, ill. . . . . 10 fr. 50

LÉON DAUDET, *Alphonse Daudet*, 1 vol. in-12, 3 fr. 50 ; rel. . . . 5 fr. »

LÉON DESCAVES, *Sous-Offs*, 1 vol. in-12, 3 fr. 50 ; rel. . . . 5 fr. »

DOSTOÏEVSKY, *le Crime et le Châtiment*, trad. Derély, 2 vol. in-18 . 7 fr. »

ALEXANDRE DUMAS, *le Roman d'une femme*, 1 vol. in-18. . . 3 fr. 50

— *La Dame aux camélias*, 1 vol. in-18 3 fr. 50

— *Diane de Lys*, 1 vol. in-18. 3 fr. 50

— *L'Affaire Clémenceau*, 1 vol. in-18 3 fr. 50

ERCKMANN-CHATRIAN, *Histoire d'un homme du peuple*, 1 vol. in-18. 3 fr. »

— *Histoire du plébiscite*, 1 vol. in-18 3 fr. »

— *Contes du Rhin*, 1 vol. in-18. 3 fr. »

— *Waterloo*, 1 vol. in-18. . . 3 fr. »

ESTAUNIÉ, *l'Empreinte*, 1 vol. in-12. 3 fr. 50

FERDINAND FABRE, *l'Abbé Tigrane*, 1 vol. in-12, 3 fr. 50 ; rel. 5 fr. »

OCTAVE FEUILLET, *le Roman d'un jeune homme pauvre*, 1 vol. in-18 3 fr. 50

FEYDEAU, *Fanny*, 1 vol. in-18. 3 fr. 50

GUSTAVE FLAUBERT, *Mme Bovary*, 1 vol. in-12, 3 fr. 50 ; rel. 5 fr. »

— *Salammbô*, 1 vol. in-12, 3 fr. 50 ; rel. 5 fr. »

— *L'Éducation sentimentale*, 1 vol. in-12, 3 fr. 50 ; rel. . . . 5 fr. »

— *Trois Contes*, 1 vol. in-12, 3 fr. 50 rel. . . . . 5 fr. »

FOGAZZARO, *Un petit Monde d'autrefois*, 1 vol. in-16, ill. . . 3 fr. 50

ANATOLE FRANCE, *le Lys rouge*, 1 vol. in-18. . . . . 3 fr. 50

— *Le Crime de Sylvestre Bonnard*, 1 vol. in-18 . . . . . . 3 fr. 50

— *La Rôtisserie de la reine Pédauque*, 1 vol. in-18 . . . . 3 fr. 50

— *Opinions de Jérôme Coignard*, 1 vol. in-18 . . . . . . 3 fr. 50

— *M. Bergeret à Paris*, 1 vol. in-18 3 fr. 50

— *L'Orme du mail*, 1 vol. in-18. 3 fr. 50

— *Le Mannequin d'osier*, 1 vol. in-18 3 fr. 50

— *L'Anneau d'améthyste*, 1 vol. in-18 3 fr. 50

LÉON FRAPIÉ, *l'Institutrice de province*, 1 vol. in-12, 3 fr. 50 ; rel. 5 fr. »

FROMENTIN, *Dominique*, 1 vol. in-18 3 fr. 50

THÉOPHILE GAUTIER, *le Capitaine Fracasse*, 2 vol. in-12, 7 fr.; rel. 10 fr. »

— *Mlle de Maupin*, 1 vol. in-12, 3 fr. 50; rel. . . . . 5 fr. »

— *Le Roman de la momie*, 1 vol. in-12, 3 fr. 50; rel. . . . 5 fr. »

LES GONCOURT, *Renée Mauperin*, 1 vol. in-12, 3 fr. 50; rel. . . . 5 fr. »

— *Germinie Lacerteux*, 1 vol. in-12, 3 fr. 50; rel. . . . . . . 5 fr. »

— *La Faustin*, 1 vol. in-12, 3 fr. 50; rel. 5 fr. »

GORKY, *Thomas Gordeïeff*, 1 vol. in-18 3 fr. 50

JEAN GRAVE, *Malfaiteurs*, 1 vol. in-16 3 fr. 50

LUDOVIC HALÉVY, *M. et Mme Cardinal*, 1 vol. in-18 . . . . . . 3 fr. 50

— *L'abbé Constantin*, 1 vol. in-18 3 fr. 50

— *Criquette*, 1 vol. in-18 . . 3 fr. 50

ABEL HERMANT, *le Cavalier Miserey*, 1 vol. in-18. . . . . . . 3 fr. 50

— *La Carrière*, 1 vol. in-18. 3 fr. 50

ARSÈNE HOUSSAYE, *le 41e fauteuil*, 1 vol. in-12, 3 fr. 50; rel. . . . 5 fr. »

PAUL HERVIEU, *Peints par eux-mêmes*, 1 vol. in-18. . . . . . . 3 fr. 50

VICTOR HUGO, *Quatre-vingt-treize*, 2 vol. in-18, 4 fr.; rel. . . . . 7 fr. »

E. DE LABOULAYE, *De Paris en Amérique*, 1 vol. in-12, 3 fr. 50; rel. 5 fr. »

A. LAVERGNE, *Jean Coste*, 1 vol. in-18. . . . . 3 fr. 50

PIERRE LOTI, *Pêcheurs d'Islande*, 1 vol. in-18. . . . . 3 fr. 50

— *Azyadé*, 1 vol. in-18. . . 3 fr. 50

PIERRE LOUYS, *Aphrodite*, 1 vol. in-18. . . . . 3 fr. 50

LOUIS LUMET, *les Cahiers d'un congréganiste*, 1 vol. in-12, 3 fr. 50; rel. 5 fr. »

MAURICE MAETERLINCK, *la Sagesse et la Destinée*, 1 vol. in-12. . 3 fr. 50

— *La Vie des abeilles*, 1 vol. in-12, 3 fr. 50; rel. . . . . . 5 fr. 50

HECTOR MALOT, *Sans Famille*, 2 vol. in-12, 7 fr. 50; rel. . . . 10 fr. »

Frères MARGUERITTE, *Une Epoque*, 4 vol. in-16. . . . 14 fr. »

— *Les deux Vies*, 1 vol. in-16. 3 fr. 50

— *Poum*, 1 vol. in-18 . . . 3 fr. 50

CAMILLE MAUCLAIR, *l'Orient vierge*, 1 vol. in-18. . . . . . 3 fr. 50

GUY DE MAUPASSANT, *Bel Ami*, 1 vol. in-18, ill. . . . . 3 fr. 50

— *Pierre et Jean*, 1 vol. in-18, ill. 3 fr. 50

— *Contes de la Bécasse*, 1 vol. in-18, ill. . . . . 3 fr. 50

— *Une Vie*, 1 vol. in-18, ill. . 3 fr. 50

— *Notre Cœur*, 1 vol. in-18, ill. 3 fr. 50

— *Boule de suif*, 1 vol. in-18, ill. 3 fr. 50

— *Fort comme la mort*, 1 vol. in-18, ill. . . . . 3 fr. 50

PROSPER MÉRIMÉE, *Colomba*, 1 vol. in-18 . . . . 3 fr. 50

— *Carmen*, 1 vol. in-18. . . 3 fr. 50

CATULLE MENDÈS, *Gog*, 2 vol. in-12, 7 fr.; rel. . . . . . . 10 fr. »

OCTAVE MIRBEAU, *le Calvaire*, 1 vol. in-18, ill. . . . . . 3 fr. 50

— *L'abbé Jules*, 1 vol. in-18. 3 fr. 50

HENRI MONNIER, *Mémoires de Joseph Prudhomme*, 1 vol. in-18. 3 fr. 50

EUGÈNE MONTFORT, *le Chalet dans la montagne*, 1 vol. in-12, 3 fr. 50; rel. 5 fr. »

WILLIAM MORRIS, *Nouvelles de nulle part*, 1 vol. in-16. . . . 3 fr. »

GEORGES OHNET, *le Maître de forges*, 1 vol. in-18. . . . . . . 3 fr. 50

PEREZ GALDOS, *Miséricorde*, 1 vol. in-16. . . . . 3 fr. »

RENAN, *Souvenirs d'enfance et de jeunesse*, 1 vol. in-18. . . . 3 fr. 50

JEAN RICHEPIN, *la Glu*, 1 vol. in-12, 3 fr. 50; rel. . . . . . 5 fr. »

— *Miarka, la fille à l'ourse*, 1 vol in-12, 3 fr. 50; rel. . . . 5 fr. »

— *L'Aimé*, 1 vol., 3 fr. 50; rel. 5 fr. »

LES ROSNY, *Vamireh*, 1 vol. in-18 3 fr. 50

— *Eyrinah*, 1 vol. in-18 . . 3 fr. 50

— *Le Termite* (épuisé récemment).

— *Les Profondeurs de Kyamo*, 1 vol. in-18 . . . . 3 fr. 50

— *L'Impérieuse bonté*, 1 vol. in-18 3 fr. 50

— *L'Indomptée*, 1 vol. in-18. 3 fr. 50

Ruskin, *Unto the last*, 1 vol. in-18 3 fr. 50

Jules Sandeau, *Mlle de la Seiglière*, 1 vol. in-12, 3 fr. 50 ; rel. 5 fr. »

Mathilde Serao, *Un Pays de Cocagne*, 1 vol. in-18. . . . 3 fr. 50

Sienkiewicz, *Quo vadis*, 1 vol. in-18, ill. . . . . 3 fr. 50

Stevenson, *le Dynamiteur*, 1 vol. in-18. . . . . 3 fr. 50

Strindberg, *Axel Borg*, 1 vol. in-18 3 fr. 50

Sudermann, *l'Indestructible passé*, 1 vol. in-18 . . . . 3 fr. 50

André Theuriet, *Bigarreau*, 1 vol. in-12 . . . . 6 fr. »

— *Le Mariage de Gérard*, 1 vol. in-12, broché, 3 fr. 50 ; rel. 5 fr. »

Tolstoï, *Résurrection*, 1 vol. in-18 3 fr. 50

Mark Twain, *A la dure*, 1 vol. in-12, 3 fr. 50 ; rel. . . . . . 5 fr. »

Jules Vallès, *les Réfractaires*, 1 vol. in-12, 3 fr. 50 ; rel. . . . 5 fr. »

— *L'Insurgé*, 1 vol., 3 fr. 50 ; rel. 5 fr. »

Jules Verne, *Vingt mille lieues sous les mers*, 2 vol. in-18, ill., 6 fr. ; cart. 8 fr. »

— *Les Enfants du capitaine Grant*, 3 vol. in-18, ill., 9 fr. ; rel. 12 fr. »

— *L'Ile mystérieuse*, 3 vol. in-18, ill., 9 fr. ; cart. . . . . . 12 fr. »

— *De la Terre à la Lune* et *Autour de la Lune*, 2 vol. in-18, ill., 6 fr. ; cart. 8 fr. »

— *Michel Strogoff*, 2 vol. in-18, ill., 6 fr. ; cart. . . . . . . 8 fr. »

Villiers de l'Isle-Adam, *l'Eve future*, 1 vol. in-12, 3 fr. 50 ; rel. 5 fr. »

Richard Wagner, *Souvenirs*, 1 vol. in-12, 3 fr. 50 ; rel. . . . . 5 fr. »

H.-G. Wells, *la Guerre des Mondes*, 1 vol. in-18 . . . . 3 fr. 50

— *Les Premiers hommes dans la Lune*, 1 vol. in-18 . . . . 3 fr. 50

— *La Machine à explorer le temps*, 1 vol. in-18 . . . . 3 fr. 50

Emile Zola, *l'Assommoir*, 1 vol. in-12, 3 fr. 50 ; rel. . . . . . 5 fr. »

— *La Débâcle*, 1 vol. in-12, 3 fr. 50 ; rel. . . . . 5 fr. »

— *Le docteur Pascal*, 1 vol. in-12, 3 fr. 50 ; rel. . . . . . 5 fr. »

— *La faute de l'abbé Mouret*, 1 vol. in-12, 3 fr. 50 ; rel. . . . 5 fr. »

— *Germinal*, 1 vol. in-12, 3 fr. 50 ; rel . . . . 5 fr. »

— *L'Œuvre*, 1 vol. in-12, 3 fr. 50 ; rel . . . . 5 fr. »

— *Le Rêve*, 1 vol. in-12, 3 fr. 50 ; rel. 5 fr. »

— *La Terre*, 1 vol. in-12, 3 fr. 50 ; rel. . . . . 5 fr. »

— *La Bête humaine*, 1 vol. in-12 ; 3 fr. 50 ; rel. . . . . . 5 fr. »

— Trilogie : *Paris*, 1 vol. in-12, 3 fr. 50 ; rel. . . . . . . 5 fr. »

— *Rome*, 1 vol. in-12, 3 fr. 50 ; rel. . . . . 5 fr. »

— *Lourdes*, 1 vol. in-12, 3 fr. 50 ; rel. . . . . 5 fr. »

— Trilogie : *Travail*, 1 vol. in-12, 3 fr. 50 ; rel. . . . . . 5 fr. »

— *Fécondité*, 1 vol. in-12, 3 fr. 50 ; rel. . . . . 5 fr. »

— *Vérité*, 1 vol. in-12, 3 fr. 50 ; rel. . . . . 5 fr. »

Edmond About, *les Mariages de Paris*, 1 vol. in-16, 2 fr. ; *le Cas de M. Guérin*, 1 vol. in-12, 1 fr. ; *l'Homme à l'oreille cassée*, 1 vol. in-16, 2 fr. — Paul Arène, *Domnine*, 1 vol. in-18, 3 fr. 50. — Léon Cladel, *les Martyrs ridicules*, 1 vol. in-32, 0 fr. 90. — Erckmann-Chatrian, *l'Invasion*, 1 vol., ill., 1 fr. 60. — Thomas Hardy, *Tess d'Uberville*, 2 vol. in-16, 2 fr. ; Victor Hugo, *les Misérables*, 8 vol. in-18, 16 fr. ; rel., 28 fr. ; *l'Homme qui rit*, 3 vol. in-18, 6 fr. ; rel., 10 fr. 50 ; *les Travailleurs de la mer*, 2 vol. in-18, 4 fr., rel., 7 fr. — L. M. d'Humiac, *les Grandes légendes de l'humanité*, 1 vol. in-16, fig. et pl., 1 fr. 50 ; rel., 2 fr. — Maurice Jokai, *Rêve et Vie*, 1 vol. in-18, 2 fr. — Tourgueniew, *Mémoires d'un grand seigneur russe*, 1 vol. in-16, 2 fr.

Quant au théâtre, toutes les fois qu'il n'est pas resté dans la voie du romantisme (*Henri de Bornier*, *Coppée*, *Sardou*, *J. Richepin*, *Rostand*), il a pris l'allure du roman mis à la scène et produit la comédie de mœurs. Le comique pur d'autrefois est devenu un genre secondaire ou considéré comme tel (*Labiche*, *Gondinet*, *Courteline*) de la même manière que le roman romantique. Cela n'est ni un bien, ni un mal : c'est un caractère de l'époque. Dans la comédie de mœurs, *Émile Augier*, *Alexandre Dumas fils*, *Sardou*, *Hervieu*, *Jules Lemaître*, etc., se sont surtout distingués. Il y a eu à l'étranger quelques tentatives de scientifisme à la scène et chez nous de revivification des grands classiques (*Leconte de l'Isle*). Les essais réalistes (*Henri Becque*, *Goncourt*, *etc.*), bien que souvent de haute valeur, n'ont pas eu le même succès. Les efforts symbolistes ont eu pour résultat de faire apprécier en France de remarquables dramaturges étrangers (*Ibsen*, *Tolstoï*, *Hauptmann*, *B. Bjornson*, *etc.*) sans que nous n'ayons rien produit dans le même sens.

---

2 fr.; *Gabrielle*, 2 fr.; *le Gendre de M. Poirier*, 2 fr.; *les Lionnes pauvres*, 2 fr.; *les Effrontés*, 2 fr.; *les Fourchambault*, 2 fr.; *le Fils de Giboyer*, 2 fr.; *Maître Guérin*, 2 fr.; *Madame Caverlet*, 2 fr. — TH. DE BANVILLE, *le Baiser*, 1 fr. 50. — HENRI BECQUE, *la Parisienne*, 2 fr. — T. BERNARD, *l'Anglais tel qu'on le parle*, 1 fr. 50. — BRIEUX, *Ménage d'artiste*, 1 vol. in-18, 2 fr. — FRANÇOIS COPPÉE, *le Passant*, 1 vol. in-18, 1 fr.; *Severo Torelli*, 1 vol. in-18, 2 fr. 50. — COURTELINE, *l'Article 330*, 1 fr.; *Un Client sérieux*, 1 fr. 50. — F. DE CUREL, *l'Envers d'une sainte*, 2 fr.; *la Nouvelle Idole*, 2 fr.; *les Fossiles*, 2 fr. — A. DAUDET, *la Lutte pour la vie*, 2 fr. — LÉON DESCAVES, *la Cage*, 1 fr. 50. — CAMILLE DOUCET, *les Ennemis de la maison*, 2 fr.; *le Fruit défendu*, 2 fr. — ALEX. DUMAS fils, *la Dame aux camélias*, 1 fr. 50; *le Demi-Monde*, 2 fr.; *le Fils naturel*, 2 fr.; *les Idées de Mme Aubray*, 2 fr.; *la Princesse Georges*, 2 fr.; *Monsieur Alphonse*, 2 fr.; *la Femme de Claude*, 2 fr.; *l'Etrangère*, 2 fr.; *la Princesse de Bagdad*, 2 fr.; *Francillon*, 2 fr. — OCTAVE FEUILLET, *Dalila*, 2 fr.; *le Roman d'un jeune homme pauvre*, 2 fr. — Les GONCOURT, *Henriette Maréchal*, 2 fr. 50; *la Patrie en danger*, 2 fr. 50. — GONDINET, *le Chef de division*, 2 fr.; *le Panache*, 2 fr. — LÉON GOZLAN, *Une tempête dans un verre d'eau*, 1 fr. 50. — E. HARAUCOURT, *Don Juan*, 1 vol., 2 fr. 50. — PAUL HERVIEU, *les Tenailles*, 2 fr. 50. — LABICHE, *le Chapeau de paille d'Italie*, 2 fr.; *le Misanthrope et l'Auvergnat*, 2 fr.; *la Cagnotte*, 2 fr. — H. LAVEDAN, *le Prince d'Aurec*, 2 fr. — LAYA, *le Duc Job*, 2 fr. — LECONTE DE LISLE, *les Erinnyes*, 1 vol. in-8, 2 fr. — JULES LEMAITRE, *les Rois*, 2 fr.; *Révoltée*, 2 fr.; *le Député Leveau*, 2 fr.; *Mariage blanc*, 2 fr. — EDOUARD PAILLERON, *le Parasite*, 1 fr. 50; *les Faux ménages*, 2 fr.; *le Monde où l'on s'ennuie*, 2 fr. — PONSARD, *l'Honneur et l'Argent*, 2 fr.; *la Bourse*, 2 fr. — JEAN RICHEPIN, *Nana Sahib*, 2 fr. — EDMOND ROSTAND, *la Princesse Lointaine*, 2 fr. — GEORGE SAND, *le Mariage de Victorine*, 1 fr. 50; *le Marquis de Villemer*, 2 fr. — JULES SANDEAU, *Mademoiselle de la Seiglière*, 2 fr.; *la Maison de Penarvans*, 2 fr. — V. SARDOU, *les Pattes de mouche*, 2 fr.; *Nos Intimes*, 2 fr.; *les Ganaches*, 2 fr.; *la Famille Benoiton*, 2 fr.; *Nos bons Villageois*, 2 fr.; *Séraphine*; 2 fr.; *Rabagas*, 2 fr. — TOLSTOÏ, *la Puissance des ténèbres*, 3 fr. — VACQUERIE, *Jean Baudry*, 1 vol., 2 fr.

Il est impossible de savoir dans quel sens se dirigeront les écoles littéraires de l'avenir et nous savons qu'en ce qui les concerne, il y a moins des formules que des tempéraments. L'ensemble de cette esquisse bibliographique nous a montré, pour le fond — et cela pourrait s'en dégager sans commentaires — la voie ouverte, en philosophie : au scientificisme ; en histoire : à l'évolutionnisme. Peut-être est-ce encore à la source pure des anciens, que la littérature ira puiser les éléments de sa forme, afin d'en rénover l'expression de la pensée future.

ŒUVRES DIVERSES SUR LA LITTÉRATURE

Grimm, Diderot, Raynal, *Correspondance littéraire*, 16 vol. in-8, 112 fr. ; rel., 162 fr. — Léo Claretie, *Histoire de la littérature française*, 4 vol., 30 fr. — Richter, *Poétique*, 2 vol. in-8, 15 fr. — V. Rossel, *Histoire de la littérature française hors de France*, 1 vol. in-8, 8 fr.

DE 3 A 6 FRANCS LE VOLUME

Paul Albert, *Œuvres sur la littérature*, 9 vol. in-16. . . . 31 fr. 50

Aristote, *la Poétique* (trad. Hatzfeld et Dufour), 1 vol. in-8 . . 6 fr. »

Th. de Banville, *Traité de poésie française*, 1 vol. in-12, 3 fr. 50 ; rel. 5 fr. »

— *Souvenirs*, 1 vol. in-12, 3 fr. 50 ; rel. 5 fr. »

A. Bernheim, *Trente ans de théâtre*, 1 vol. in-12, 3 fr. 50 ; rel. 5 fr. »

N. Bernardin, *la Comédie italienne en France*, 1 vol. in-18 . . 3 fr. 50

J. Claretie, *Profils de théâtre*, 1 vol. in-12 ; 3 fr. 50 rel. . . . 5 fr. »

Courrière, *Histoire de la littérature contemporaine en Russie*, 2 vol. in-12, 7 fr. ; rel. . . . . . . 10 fr. »

Doumic, *Études sur la littérature française* (documentaire). 14 fr. »

— *De Scribe à Ibsen*, 1 vol. in-16 3 fr. 50

A. Filon, *De Dumas à Rostand*, 1 vol. in-18 . . . . 3 fr. 50

G. Flaubert, *Correspondance*, 4 vol. in-12, 14 fr. ; rel. . . 20 fr. »

Anatole France, *la Vie littéraire*, 4 vol. gr. in-18 . . . . 14 fr. »

Th. Gautier, *Histoire du romantisme*, 1 vol., 3 fr. 50 ; rel. . . 5 fr. »

— *Portraits et Souvenirs littéraires*, 1 vol., 3 fr. 50 ; rel. . . 5 fr. »

Les Goncourt, *Journal*, 9 vol. in-12, 31 fr. 50 ; rel. . . . . 45 fr. »

Hegel, *la Poétique*, 2 vol. in-18 12 fr. »

G. Hubbard, *Histoire de la littérature contemporaine en Espagne*, 1 vol. in-12, 3 fr. 50 ; rel. . . 5 fr. »

J. Huret, *Enquête sur l'évolution littéraire*, 1 vol. in-12, 3 fr. 50 ; rel. . . . . 5 fr. «

Jules Lemaitre, *Impressions de théâtre*, 10 vol. in-18. . . . 35 fr. »

G. Meunier, *Le Bilan littéraire du XIXe siècle*, 1 vol. in-12, 3 fr. 50 ; rel. . . . . 5 fr. »

Sainte-Beuve, *Tableau de la poésie française*, 1 vol. in-12, 3 fr. 50 ; rel. 5 fr. »

Saint-Marc de Girardin, *Littérature dramatique*, 5 vol. in-12, 17 fr. 50 ; rel. . . . . 25 fr. »

Schiller, *La Poétique*, 1 vol. in-8 4 fr. »

Mme de Staël, *De la littérature*, 1 vol., 3 fr. 50 ; rel. . . . 5 fr. »

Véron, *l'Esthétique*, 1 vol. in-12, 4 fr. 50 ; rel. . . . . . 5 fr. »

Vigié-Lecocq, *la Poésie contemporaine*, 1 vol. in-18 . . . . . . 3 fr. 50

G. Vitoux, *le Théâtre de l'avenir*, 1 vol. in-18 . . . . . . 3 fr. 50

E. Zola, *le Roman expérimental*, 1 vol. in-12, 3 fr. 50 ; rel. 5 fr. »

— *Les Soirées de Médan*, 1 vol. in-12, 3 fr. 50 ; rel . . . . . . 5 fr. »

Boileau, *Art poétique*, 1 vol. in-16, 1 fr. 25. — Buffon, *Discours sur le style*, 0 fr. 30. — P. Ginisty, *la Vie d'un théâtre*, 1 vol. in-16, fig. et pl., 1 fr. 50 ; rel., 2 fr. — F. Loliée, *Histoire littéraire du monde*, 1 vol. in-16, fig. et pl., 1 fr. 50 ; rel., 2 fr.

TABLE DES MATIERES

Œuvres scientifiques de la pensée

Œuvres historiques de la pensée

TABLE DES NOMS D'AUTEURS

Les chiffres entre parenthèses renvoient aux pages où les noms des auteurs sont seulement cités et leurs travaux commentés.
Les autres renvoient aux pages où les ouvrages des auteurs sont mentionnés avec leurs prix.

C

D

E

F

G

N

O

P

Q

R

S

T

U

V

29-11-05. — Tours, Imp. E. Arrault et Cie.

www.ingramcontent.com/pod-product-compliance
Ingram Content Group UK Ltd.
Pitfield, Milton Keynes, MK11 3LW, UK
UKHW020321250726
13967UKWH00004B/1788